The Complete Guide to
Consulting Firms

「コンサルティングファームに入社したい」と思ったら読む本

ムービン・ストラテジック・キャリア　シニア・パートナー
久留須 親

ダイヤモンド社

はじめに

コンサルティングファーム志願者の「駆け込み寺」として伝えたいこと

この本は、「コンサルティングファームに入社したい」と考えている人に向け、

・これまで、どんな人が実際に受かっているのか
・今、あなたが受かるためには何が必要なのか
・入社後活躍するには、何に気をつけて仕事をすればいいのか

について、業界史上初めて、ファクトベースでまとめた一冊です。

コンサルティングファームに転職したい人を想定して書いていますが、新卒でコンサルティング業界を目指している人が読んでも役立つ内容となっています。

なお、「コンサルティング」という名称のついた仕事は色々ありますが、ここで取り扱う「コンサルティング」とは、「企業が抱える問題を論理的に解決する仕事」のことです。その

ため、本書では、次の3つの分類に該当する「コンサルティングファーム」を対象として話を進めます。

・経営戦略系コンサルティングファーム
・総合系コンサルティングファーム
・独立系コンサルティングファーム

転職者数は、3倍以上に増加

私自身はこれまで17年間、コンサルティング業界に特化した人材紹介エージェントとして1000人以上の求職者をサポートしてきました。なかでも**「最難関」といわれるマッキンゼー・アンド・カンパニー、ボストン コンサルティング グループ（BCG）、ベイン・アンド・カンパニーなどの外資経営戦略系コンサルティングファーム、近年特に人気が高まっているアクセンチュア、BIG4（デロイト トーマツ コンサルティング、PwCコンサルティング、EYストラテジー・アンド・コンサルティング、KPMGコンサルティング）などの総合系コンサルティングファームへの転職支援実績は、日本でトップクラス**に入ると自負しています。

コンサルティング業界への転職者数の推移（2013年度を1とする）

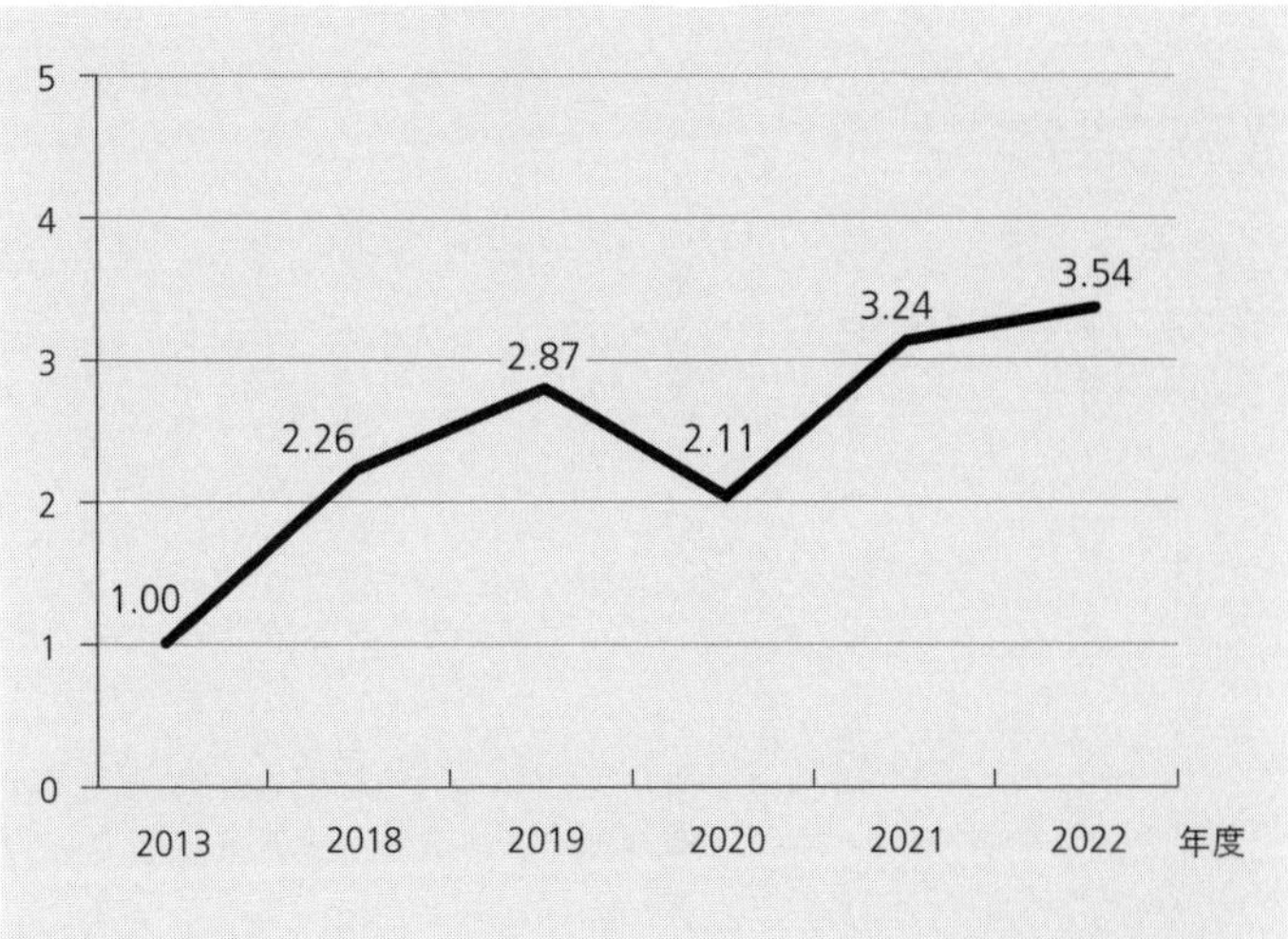

リクルート「2023年度転職市場の動向」

エージェントとしても、これだけの年月、外資経営戦略系、総合系および独立系コンサルティングファームまで含めて、全方位的にコンサルティング業界を網羅し転職を支援してきた人間は、かなり希少であると思います。

また、私が所属する株式会社ムービン・ストラテジック・キャリアは、日本初のコンサルティング業界に特化した人材紹介会社として、26年以上に及ぶ転職支援実績があり、データ、ノウハウを蓄積してきました。

当社が国内初のコンサルティング業界専門の人材紹介会社として創業した26年前は、まだコンサルティング業界は今のように多くの人に知られている状況ではありませんでした。コンサルタントは「メジャーではないが、突出した頭脳を持つ超エリートがつく職業」として認知されていたのです。

それが、２０００年代に入ってから、コンサルティングというビジネスが徐々に一般的になり、２０１０年代以降に、主に総合系コンサルティングファームが主導する形で、コンサルティング業界が急激に拡大しました。さらには、コロナ禍におけるＤＸ需要の高まりもあり、日本市場におけるコンサルティング業界の２０２２年度の転職者数は、２０１３年度に比べ、**3倍以上**に増えています（リクルート「２０２３年度転職市場の動向」／５ページ図参照）。

当社が転職支援した人のデータを見ても、コンサルティングファームに入社した人の数は最近10年間（２０１４〜２０２３年）の合計とさらに前の10年間（２００４〜２０１３年）の合計の比較において、**約3・5倍（経営戦略系約2・4倍、総合系約4・1倍）に増加**しています。

私自身、求職者との初めての面談で、「私はコンサルタントになれますか？」という質問をよく受けますが、「可能性は十分にあります」と回答する機会が、以前よりもはるかに増えてきました。

ここまで右肩上がりで規模が拡大した一番の要因は、日本においてコンサルティングが浸透するにつれて、ファームが手掛けるプロジェクト数が増加し、より多くのコンサルタントが必要になったためです。また、プロジェクトテーマの幅が拡がり、これまで以上に幅広い経験やスキルを持つ方々が必要になってきたからでもあります。

新卒採用の世界でも、東大学部生の就職先ランキングトップ10のうち4社をコンサルティングファームが占めるなど、ますます注目が集まっています（東京大学新聞「２０２２年度卒業・修了者就職先上位一覧」）。

外資系ファームの場合、本国をはじめとする海外市場の景気動向や海外オフィスでのレイオフなどの影響を受け、日本オフィスの採用数が減少することはあります。しかしこれを加味しても、日本のコンサルティング業界全体における「採用増加」「業界拡大」の動きは、今後も続いていくと予想されます。

必要なのは「表面的な情報」ではなく「本質的な理解」

人気が過熱する中で、私たちのところに「駆け込み寺」のようにやってくるコンサルタント志願者の人たちがたくさんいます。

「コンサルティングファームに応募したけれど、うまくいきませんでした」
「エージェントから、特定のファームをすすめられるばかりで他のファームは紹介してもらえませんでした」
「一応対策はしましたが、いまひとつ理解が進んだ気がしません」

私から見ると、**駆け込んでくる人たちは、コンサルティングという仕事やコンサルティングファームについて、正しく理解できていません。その結果、残念ながら間違った対策を行っています。**

「コンサルタント」「外資系コンサル」と聞けば多くの人が「マッキンゼー」「アクセンチュア」などの具体的な企業名をイメージできるくらいには認知が拡がり、また「コンサル流仕事術」というような本もたくさん出版されているにもかかわらず……です。実は、「理解できていない」のは求職者だけではありません。いわゆる人材紹介のプロたちでさえ、「コンサルティングの仕事内容や業界のことがよくわからない」という同様の悩みを抱えているようです。

なぜこのようなことが起こるのか。それは、コンサルティングという仕事が頭で理解することは容易でも、実践できるようになるのがとても難しいものだからです。野球観戦をしたことがある人が野球をプレーせずに、「野球のことを本当にわかっている」とはいえないのに似ています。

また、コンサルティングのプロジェクト（案件）は守秘義務があるため詳細に内容を公開することが難しく、公開可能な範囲（各ファームのサイトに掲載されているプロジェクト事例や各種レポート、書籍など）やコンサルタントの経験談では、どうしても表面的なことしかわかりません。コンサルティングを本質的に理解するのは、本当に難しいことだと感じています。

そこで本書では、単なる「表面的な情報」をまとめるのではなく、コンサルティングファームに入社するための「本質」だけをお伝えすることにしました。

具体的には、**当社の26年以上にわたる人材紹介の現場にて得られた「ファクト」（実際に入社した約3000人の独自データを分析）と、私が17年をかけて研究・試行錯誤し、言語化して、求職者にお話ししてきたことの全て**を公開します。

業界は目まぐるしく変化していますが、実は、私が求職者に話している内容は、この17年間でほとんど変わっていません（本質とはそういうものだと思います）。

「年収が高い」に加えて「キャリアの武器」としての魅力

コンサルティング業界は、ついついその年収の高さに注目が集まりがちです。しかし、長年この業界に携わってきた身として、私は年収以外の部分にも、人を惹きつける強い魅力があると思います。

まず、仕事内容。コンサルタントは「誰かの役に立ちたい」というマインドを持つ人にとっては、クライアントの問題を一緒に解決できる、とてもやりがいのある仕事です。20～30代の若いうちから、一流の経営者や自分より目上のマネジメント層と対峙できる機会があり、事業や利益にインパクトを与えることができます。こうした仕事を若手が担うのは、他の業界ではなかなか難しいことです。

さらに、業界のカルチャーも魅力的です。未経験者を受け入れる風土があり、日本企業とは違いオープンです。プロとして自分の裁量でプロジェクトにかかわれるので、ビジネスパーソンとして大きく成長することができます。

その結果、自分自身のキャリアの選択肢を大きく拡げることができます。**20～30代にコンサルティングファームでの経験があるだけで、その後の転職では様々な企業から「引く手あ**

また」の状態になるからです。

私は本書を通じて「本来ならコンサルタントになれるのに、理解・準備・対策が間違っているがゆえにそのチャンスを逃してしまう人」が一人でも減ることを目指しています。結果的に、コンサルティング業界、そして日本経済に少しでもいい影響が与えられたら、これほどうれしいことはありません。ぜひ、最後までお付き合いください。

【本書の構成】

第1章では、「転職・就職活動以前の基礎知識」として、コンサルティング、コンサルティングファームについて説明します。

第2章、第3章では、「入社できた人の共通点」として、ファームが見ている書類、筆記、面接のポイントをお伝えします。

第4章、第5章では、ここまでのファクトをふまえて「どのような準備・対策をすればいいか」を公開します。ケース面接の対策はもちろん、重要なポイントを全て網羅しました。

第6章では、「入社後の大事な立ち上がり時期に注意すべきポイント」をまとめています。

第7章では、私の視点から、主要20社の「特徴」と「採用で見られるポイント」をまとめました。

【本書で使用する用語】 ※コンサルティングファームへの転職活動でよく使う用語をまとめました

- **アプライ**：応募
- **オファー**：内定
- **オファーレター**：内定通知書
- **オファーフェーズ**：内定後に最終検討し意思決定・オファー承諾するまでの段階
- **ケイパビリティ**：能力
- **コンサルティングファーム**：コンサルティング会社
- **コンピテンシー**：行動特性
- **Top-tier**（トップティア）：最高の
- **バリュー**：付加価値
- **BIG4**（ビッグフォー）：グローバルにおける4大会計事務所グループ
  —デロイト トウシュ トーマツ（Deloitte Touche Tohmatsu：デロイト）
  —プライスウォーターハウスクーパース（PricewaterhouseCoopers: PwC）
  —アーンスト&ヤング（Ernst & Young: EY）
  —KPMG
- **プロジェクト**：案件（クライアントから受注する仕事の単位）
- **プロモーション**：昇進
- **モジュール**：プロジェクトの構成要素
- **ランク**：職位
- **ロール**：役割
- **ロジカルシンキング**：論理的思考法、論理的問題解決法

【データの分析方法について】 ※出典表記がない場合、ムービン・ストラジック・キャリア調べ

ムービン・ストラテジック・キャリアの入社実績データを使用（N＝のべ3042名）。ムービンの特徴は、ホームページからの登録が主であり（一部スカウトもあり）、各ファームの紹介実績人数はほぼ毎年1位か2位。ゆえに、ムービンの実績をコンサルティングファーム全体の傾向としても大きな誤差はないものと考慮。

入社実績の対象ファームは下記。
経営戦略系ファーム10社：マッキンゼー・アンド・カンパニー、ボストン コンサルティング グループ、ベイン・アンド・カンパニー、アーサー・ディ・リトル、A.T.カーニー、Strategy&、ローランド・ベルガー、ドリームインキュベータ、アクセンチュア（経営戦略部門のみ）、デロイト トーマツ コンサルティング（経営戦略部門のみ）
総合系ファーム6社：アクセンチュア（経営戦略部門・エンジニア部門・アウトソーシング部門除く）、デロイト トーマツ コンサルティング（経営戦略部門除く）、PwCコンサルティング（Strategy&除く）、EY ストラテジー＆コンサルティング、KPMGコンサルティング、アビームコンサルティング

はじめに　**コンサルティングファーム志願者の「駆け込み寺」として伝えたいこと**　3

本書の構成　12

本書で使用する用語　13

第1章

コンサル業界「転職・就職活動以前」の基礎知識

実はほとんどが「未経験者採用」　28
——キャリアチェンジを狙う人にはチャンス

8割が「中途採用」で入社する　32
——しかも「通年採用」で1年中チャンスがある

コンサルティングの領域分類は「経営戦略」「業務」「IT」の3つ　36
——個別のファームを見る前に、分類を知ろう

「経営戦略コンサルタント」に求められるもの　40
——知識ではなくロジックで問題解決をする仕事

「業務・ITコンサルタント」に求められるもの
——経験や業務の知識を前提にアドバイスをする仕事　44
ファームの分類は「経営戦略系」「総合系」「独立系」の3つ
——総合系ファームは同じ会社であっても「どの部門か」に注意　47
コンサル業界は「大手ファームに入ったら有利」ではない
——大手は期待した経験が積めないリスクも　49
外資系か日系かは気にしなくてOK
——カルチャーのルーツはどちらもアメリカ　52
役職は4つ。「アナリスト」「コンサルタント」「マネージャー」「パートナー」
——ファームは違っても同じ領域であれば仕事内容は同じ　54
年収はアナリスト450万円~マネージャー2500万円
——受ける前に給与体系・レンジを知っておこう　60

第2章 ファームに「入社できた人」の共通点 ハード面

学歴 「高学歴でないとコンサルにはなれない」は昔の話
——ファームは「最速で一人前に育てられるか」を見ている　66

年齢 「36歳以上」「第二新卒」は難易度高め 72
──「20代でないとダメ」は都市伝説
職務経歴 「大企業出身者」が強い 79
──業界は金融から製造業、官公庁まで偏りなし
性別 女性の採用は大幅に増加し「3～4割」 83
──「ハードワーク、男性社会」から脱却中
資格 MBAはなくていい 86
──「資格なし」をコンプレックスに思うな
語学力 英語は選考では見られない 90
──語学力より問題解決力

第3章 ファームに「入社できた人」の共通点 ソフト面

コンサルタントに必要な「インテレクチュアルスキル」とは何か 94
──ロジカルシンキング、洞察力、思考スピード
ロジカルシンキング ファクトベースかつ論理的に結論を導き出す 99
──基本は分解（MECE）と構造化（ロジックツリー）

洞察力 独自の考えや切り口・視点が出せる 102
——自分に問いを投げ続ける習慣がカギ

思考スピード 速さは求めるものではなく結果として得るもの 105
——ロジカルシンキングと洞察力の副産物

コンサルタントに必要な「インターパーソナルスキル」とは何か 108
——コミュニケーションスキル、リーダーシップ、チームワーク

コミュニケーションスキル 結論を先に、クイックに、物怖じせず 110
——「最低限のマナー」は必須であることを忘れずに

リーダーシップ 「人の上に立つ」ことではない 114
——メンバー全員がリーダー。当事者意識を持って主体的に動く

チームワーク コンサルは「個の時代」から「チームワークの時代」へ 116
——プロジェクト内にとどまらずファーム内でも重要

コンサルタントに必要な「人物面・マインドセット」とは何か 118
——「頭がいい」だけの人は向いていない

素直さ 「素直さ」が実は一番見られている 120
——30代以降は過去の経験をいったん「捨てる」

誠実さ 「クライアントファースト」はコンサルタントの基本 123
——「自分のために努力する人」は仕事を続けられない

印象 「こんな若造に任せて大丈夫か」と思われないために 126

——清潔感、成熟感、親近感が大事

目標達成力 目標達成のために必要な「向上心」と「知的タフネス」 129
——安易にまとめに入らず、粘り続けられるか

知的好奇心 「全く知らないのが来た！ やるぞ！」と思えるか 132
——コンサルの興味関心は「ひとつに深く」より「広く、高く」

第4章 第一志望「内定まで」の全戦略

マッキンゼーに受かる人が全てのファームに受かるわけではない 138
——コンサル転職・就職活動の「勘違い」を正そう

❶ 戦略立案・スケジューリング 「どの順番で受けるか」で結果は大きく変わる 144
——第一志望以外もできるだけたくさん受ける

❷ 書類作成 ロジカルでない「職務経歴書フォーマット」は使うな 150
——「コンサルタントの考え方」で書くと面接対策も兼ねられる

❸—1 面接・全般 回数の減少で1回1回の面接の重みが増している 160
——面接官はマネージャーやパートナーが担当

❸—2 面接・通常質問対策 「質問と回答がズレる」人は評価されない 162
——通常質問でもコンサルタントの考え方を鍛える

③-3 面接・ケース対策　ケース対策は、解答を暗記するな　170
――見られているのは「答え」ではなく「考え方」

④ 面接の振り返り・進め方　面接が終わったらすぐに、内容を全て書き出す　175
――振り返りから「主観」は排除する

④ 面接の振り返り・進め方　急かされても、面接を受けるペースは崩さない　182
――振り返りの時間を取らないと一気に全滅の恐れも

⑤ 筆記試験（WEBテスト）対策　必ず問題集1、2冊は勉強する　184
――ケース対策と違い、やったらやった分だけ結果が出る

⑥ オファー・意思決定　年収交渉は「給与テーブル」を前提にする　186
――あまりに高い要求は「お見送り」のリスクあり

⑦ 退職交渉　円満退社の王道は「謝り倒す」　191
――現職の人に「理解してもらおう」と思ってはいけない

同業者から見た人材紹介会社の選び方　193
――コンサルの場合、実は大手より中小エージェントのほうが実績豊富

コラム　アフィリエイトサイトは「話半分」で見る　198

第5章 完全保存版　ケース面接対策

「模擬面接」の前にやるべきこと 202
――一歩ずつ、コンサルタントの考え方に「慣れる」

レベル1 分解と構造化の基本 ケース対策の基本は「分解と構造化」 206
――MECE、ロジックツリー

レベル2 分解と構造化の応用 「数値算定系ケース」で分解と構造化を習得する 208
――因数分解、フレームワーク、ユーザーセグメンテーション

レベル3 商売感覚 「売上向上系ケース」の壁を超える 216
――単に「因数分解」するだけでは、打ち手が思いつきになってしまう

レベル4 想像力 「観察力」「洞察力」をベースにして「想像力」を鍛える 223
――誰もが見ている日常から独自のストーリーを構築する

レベル5 ゼロベース思考 そもそも「考える対象」は何か？ 229
――前提を疑って「思考の幅」を拡げる

レベル5 ゼロベース思考 そもそも「誰に対して」アウトプットするのか？ 237
――前提を疑って「思考の軸」を明確にする

レベル5 ゼロベース思考 そもそも「時代背景」をどのように置くか？ 240
――背景を置いて「ディスカッションの自由度」を上げる

レベル6 抽象化思考 抽象化思考により「全体観」を示す 243
――「思考が狭くなる」ことを防ぐ

一人でできる「日常」のケーストレーニング方法 250
――量を質に転化させよう
コラム　フェルミ推定の罠 254

第6章 「入社1年目から」活躍するために必要なこと

コンサル特有の「オープンなカルチャー」を活用する 258
――コンサルタントとして最初の1年で「立ち上がる」ために
入社後数カ月の「ボーナス期間」は失敗しまくれ 262
――ただし、できないときは「できない」といえるのがプロフェッショナル
どっちつかずではなく常に「スタンスを取る」 265
――「自分ごと」としてアドバイスするのがコンサルタントの仕事
プロアクティブに動く 267
――「指示通りやるだけの人」は評価されない
自分の「成果が最大になる環境」を知る 270
――「知的労働」のプロフェッショナルになれ
「周りから評価される武器」を見つける 273
――「議事録がうまい」「いるだけでチームの雰囲気がよくなる」も武器

UP or OUT(アップオアアウト)は本当か 276
——昔に比べてミスマッチは激減

コンサルタントのキャリアは「経験したプロジェクト」で決まる 279
——ファームのブランドや年収だけで選ぶな

コラム 「問題解決力」と「経営力」の違い 282

第7章 厳選20ファーム 特徴と採用で見られるポイント

経営戦略系コンサルティングファーム8社

マッキンゼー・アンド・カンパニー 288
——グローバルリーダーの育成を使命とするグローバルトップファーム

ボストン コンサルティング グループ 290
——「インサイト」を重視。日本に根差したグローバルトップファーム

ベイン・アンド・カンパニー 292
——「結果重視」主義、少数精鋭を貫くグローバルトップファーム

アーサー・ディ・リトル 294
——製造業・技術に強いという確固たる地位を確立

A.T.カーニー（KEARNEY） 296
——目に見える成果の実現、社会課題の解決に立脚したファーム

Strategy&（PwCコンサルティングStrategy&） 298
——グローバル経営戦略ファームとPwCグループの特徴を併せ持つ

ローランド・ベルガー 300
——唯一の欧州系。多様性を尊重し長期的な視座から支援

ドリームインキュベータ 302
——日本発の戦略ファーム。成長戦略系プロジェクトの割合はナンバーワン

総合系コンサルティングファーム6社

アクセンチュア 306
——世界最大規模のファーム。経営戦略領域でも高いプレゼンスを誇る

デロイト トーマツ コンサルティング 308
——BIG4の一角。経営領域から始まり、今はITも手掛ける

PwCコンサルティング 310
——BIG4の一角。買収で領域を拡げ、経営戦略から業務・ITまで手掛ける

EYストラテジー・アンド・コンサルティング 312
——BIG4の一角。後発ながら急成長を遂げている総合系ファーム

KPMGコンサルティング 314
——BIG4の一角だが、他とは違い規模より質に重きを置く

アビームコンサルティング 316
——業務・ITに強い。日本発グローバルファーム

独立系コンサルティングファーム6社

経営共創基盤(IGPI:Industrial Growth Platform, Inc.) 320
——戦略、事業再生、M&A、投資、VC、何でも手掛け、「真の経営者」を創出

フロンティア・マネジメント(FMI:Frontier Management Inc.) 322
——経営、M&A、事業再生などで企業経営を支援する「専門家集団」

YCP Japan 324
——経営支援とプリンシパル投資でアジアを率いる経営者を輩出するグローバルファーム

ピー・アンド・イー・ディレクションズ 326
——コンサルタントの枠を超えて「成功できる経営者」を育成

ジェネックスパートナーズ 328
——若手も裁量の大きい仕事に取り組める

ベルテクス・パートナーズ 330
——クライアントの「自走」まで支援する

コラム　コンサルティングを歴史から紐解く 332

おわりに　エージェントの仲間たちに伝えたいこと 337

第1章

この章では、コンサルティングファームの採用の仕方、コンサルティングの領域分類、そしてコンサルタントの仕事内容など、「コンサルティングファームに入社したい」と思った人に最初に知ってほしい内容を紹介します。まずはコンサルティングについての理解を深める下準備をしていきましょう。

コンサル業界

「転職・就職活動以前」の基礎知識

実はほとんどが「未経験者採用」

——キャリアチェンジを狙う人にはチャンス

「コンサルティングファームが主に採用するのは、コンサルティングの未経験者です」

求職者と面談するとき、私がこの事実を伝えると、多くの人はとても驚きます。そして「経験がない自分にも可能性があるかもしれない」という喜びと安堵の表情を見せてくれます。

「**生まれつきのコンサルタント**」**はいません**——これは私が繰り返し求職者の人たちに伝えているメッセージです。コンサルティングのスキルを身につけるには、修業・訓練が必要ですが、それは言い方を変えれば「誰にでもコンサルティングファームに入社するチャンスがある」ということです。

実際のデータを見てみると、入社した人のうち、未経験者の割合は経営戦略系ファームで

ファーム転職者の経験者・未経験者割合（2014～2023年合計）

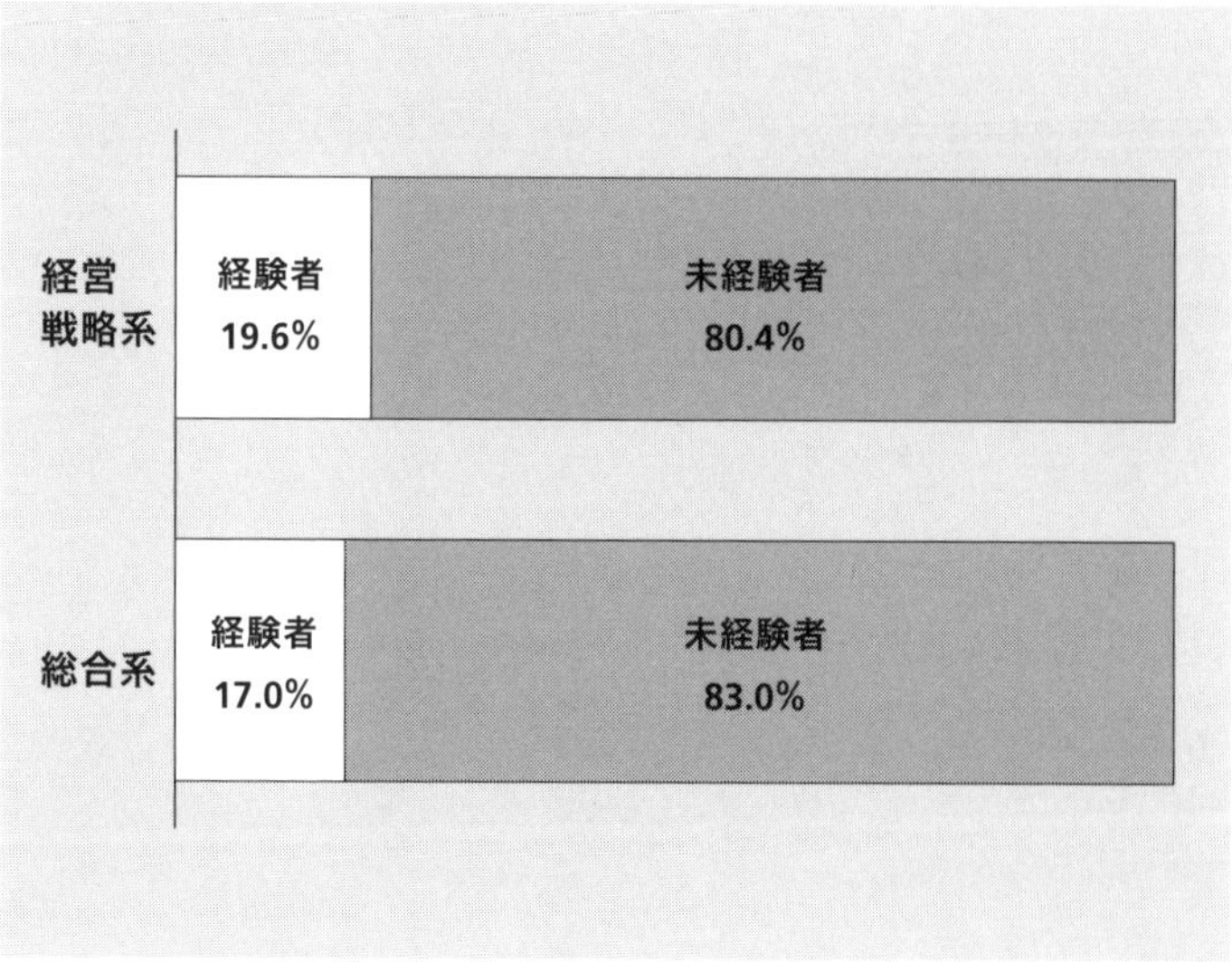

は80・4％、総合系ファームでは83・0％。直近では新卒からコンサルティングファームに入社する人が増加したため少し減っていますが、大きな傾向は変わりません。

ファームが未経験者を主に採用するのは、２つの理由があります。

ひとつ目の理由は、そもそも「コンサル経験者」の絶対数が少ないから。

コンサルティング業界は拡大しているとはいえ、一つひとつのファームの規模は日系大企業などと比較すると桁違いに小さいです。外資経営戦略系ファームは、１００～２００名規模がほとんどで、大手総合系ファームでも４０００～５０００名規模です。一方の日系大企業の社員数は、例えばリクルートが約2万名（2023年4月1日現在）、日立製作所は約3万名（2023年3月末現在：共に企業ホームページより）です。

2つ目は、一定の人材が流出するから。

コンサルタントが有するスキルはとても市場価値が高く、様々な企業から引く手あまたです。また、次のキャリアとしてコンサルティング業界以外を考えている人はとても多いので、結果的に業界からは一定の人材が流出していきます。

このような理由から、ファームが組織を維持するには、常にコンサル未経験者を採用し、育成し続けないといけません。毎年一定のコンサルタントが退職するので、放っておくとコンサルタントがいなくなってしまいます。さらに、今以上に規模を拡大させるとなると、より多くの人数を採用する必要があります。ゆえに、コンサルティングファームでは、採用と育成が極めて重要な経営マターになっており、パートナー（経営層）が、責任を持って取り組んでいます。

・一人前に成長できる「可能性が高い」人

育成には時間・コストがかかりますので、各ファームとも高い採用基準を設け、

・**一人前に成長できるのが「できるだけ速そう」な人**
・**コンサルタントになる目的（志望動機）が明確な人**

を採用したいと考えます。つまり、コンサルティングファームの採用は、新卒採用はもちろん、中途採用も「ポテンシャルを見る」ことが目的なのです。

8割が「中途採用」で入社する
――しかも「通年採用」で1年中チャンスがある

ほとんどのファームは「中途採用が主」である。この事実も、「未経験者採用」と同様、コンサル志願者からあまり知られていないかもしれません。実際、新卒採用の割合が高いファームでも所属コンサルタント全体の7～8割の人が中途採用により入社しています。

その理由を紐解くと、そもそもコンサルティングファームは外資系企業が多く、日本オフィスの立ち上げ期に「中途採用の社員を主として始まった」という歴史的な経緯があります。

コンサルティングファームの立ち上げ期から黎明期は数名から十数名ぐらいの規模なので、新卒を採用して育成することは組織的にも育成体制的にも難しいのが現実でした。日本オフィスのビジネスが軌道に乗り、組織体制が整い、日本でのコンサルタント育成ノウハウが蓄積するのに年月を要し、ようやく新卒採用ができるようになってきたのです。

さらに「クライアントである事業会社のことを理解する上で、ある程度の社会人経験があったほうがいい」というファーム側の考えもあります。

コンサルタントの中途採用は「通年採用」なのも大きな特徴です。つまり「**いつなら受かりやすいか」といったことはあまり気にする必要がありません。**

コンサルタントはプロジェクトベースの仕事で、常に複数のプロジェクトが動いています。「プロジェクトは必ず○月から始まる」などと、スケジュールは固定されていません。クライアントの新年度の4月から開始するプロジェクトもあれば、下期の10月からの場合もあり、さらに予算が確保できた月から開始される場合もあります。ある程度の規模のファームであれば毎月何かしらのプロジェクトが始まりますので、いつ中途社員が入社しても何かしらのプロジェクトにアサインできるわけです。

特定の月（1、4、10月）に入社する人が多いのは確かですが、あくまで求職者側の理由（キリのいいタイミングでキャリアを変えたい）であるといえます。

例外として、大手総合系ファームの第二新卒採用の場合は、新卒と一緒に研修をするために入社月を4月と10月に限定することがあるので、年に2回のタイミングしかありません。選考スケジュールが明確に決まっていますので、乗り遅れないように注意が必要です。

なお、ファームがどんな計画で採用をしているのかをざっくり把握しておくことは、「受ける側」としても役立ちます。

コンサルティングファームの採用計画は、

・年間のプロジェクトを遂行するのに必要なコンサルタントの総数
・ファームに在籍するコンサルタント数

この2つのバランスで決まります。

必要なコンサルタント総数は「クライアント数×クライアントごとのプロジェクト数×プロジェクトあたりに必要なコンサルタント数」です。各パートナーが受け持っているクライアントの状況から年間計画を見積もることができます。

在籍するコンサルタント数は、現在のコンサルタント数に想定する離職率を掛けて予測します（ファームの標準的な離職率は10～15％ぐらいです）。

この差分から、プロジェクト遂行に必要なコンサルタント総数に足りないコンサルタント数がわかるので、必要な採用人数が決まります。ここからさらに、ランク（職位）ごとの採用人数や新卒の採用人数などを考えて、最終的な中途採用の目標人数を決めていきます。

一方で、コンサルティングファームは基本的に、**採用基準をクリアしていない人にオファーを出すことはありません。** つまり、「無理をしてでも採用計画を達成する」ことはしないのです。反対に、すでに計画を満たしていても、採用基準をクリアしている人がいれば採用します。コンサルティングファームの経営は、「人（コンサルタント）が全て」だからです。

さらに、採用計画も流動的です。期の初めに採用する人数は決めますが、あくまで計画時点での目安。クライアントのニーズは刻一刻と変わりますし、特に近年はクライアントからの依頼が増加し、「基準をクリアした人であれば何人でも取りたい」という状況です。

ただし、コンサルティングファームも事業運営を行うひとつの企業ですので、採用計画と同時に採用予算を期初に計上して予算を使い切った場合、採用したくても採用できない（オファーを出せない）状況になることもあります。

コンサルティングの領域分類は「経営戦略」「業務」「ＩＴ」の３つ

――個別のファームを見る前に、分類を知ろう

転職・就職活動で「どこの会社を受けるか」を個別に考える前に知っておいてほしいのが「コンサルティングの領域」の違いです。

今やコンサルティング業界は規模がかなり大きくなり、色々なプロジェクトが走っていますが、どのコンサルティングプロジェクトも「経営戦略」「業務」「ＩＴ」の３つのどれかに必ず属します。コンサルティングをこの３つの領域に分けることで、あなたが「どの領域のコンサルタントになりたいのか？」が明確になり、さらに「どの領域のコンサルタントになれるのか？」の可能性も見えてきます。

では事業の流れに沿って、3つの領域を見ていきましょう。

①経営戦略コンサルティング：マネジメント層に向け、Whatを考える仕事

経営戦略コンサルティングは、クライアント企業のマネジメント層（社長・役員などのトップマネジメント層や事業部長・部長などのミドルマネジメント層）に対して、今後の経営戦略を提言します。「戦略」とは、経営の方向性を示すもの。つまり「何（What）に向かって進むべきか」を導き出すのが経営戦略コンサルティングです。

②業務コンサルティング：ミドル・スタッフ層に向け、Howを考える仕事

次に、マネジメント層が経営戦略を意思決定したら実行段階に移ります。各部門にやるべきことや目標が伝えられ、それを目がけて業務を実行していきます。この実行段階を支援するのが業務コンサルティングです。業務コンサルティングは「どうやって（How）実現するのか」を手掛けることになります。「業務」には、業界特有のもの、どの業界でも共通するものの両方があります。後者のわかりやすいところでいうと、商品・サービスを売るためのセールス・マーケティング（CRM：Customer Relationship Management）、作るための調達・物流・生産（SCM：Supply Chain Management）、物が動けばお金も動くので財務

コンサルティングの領域分類

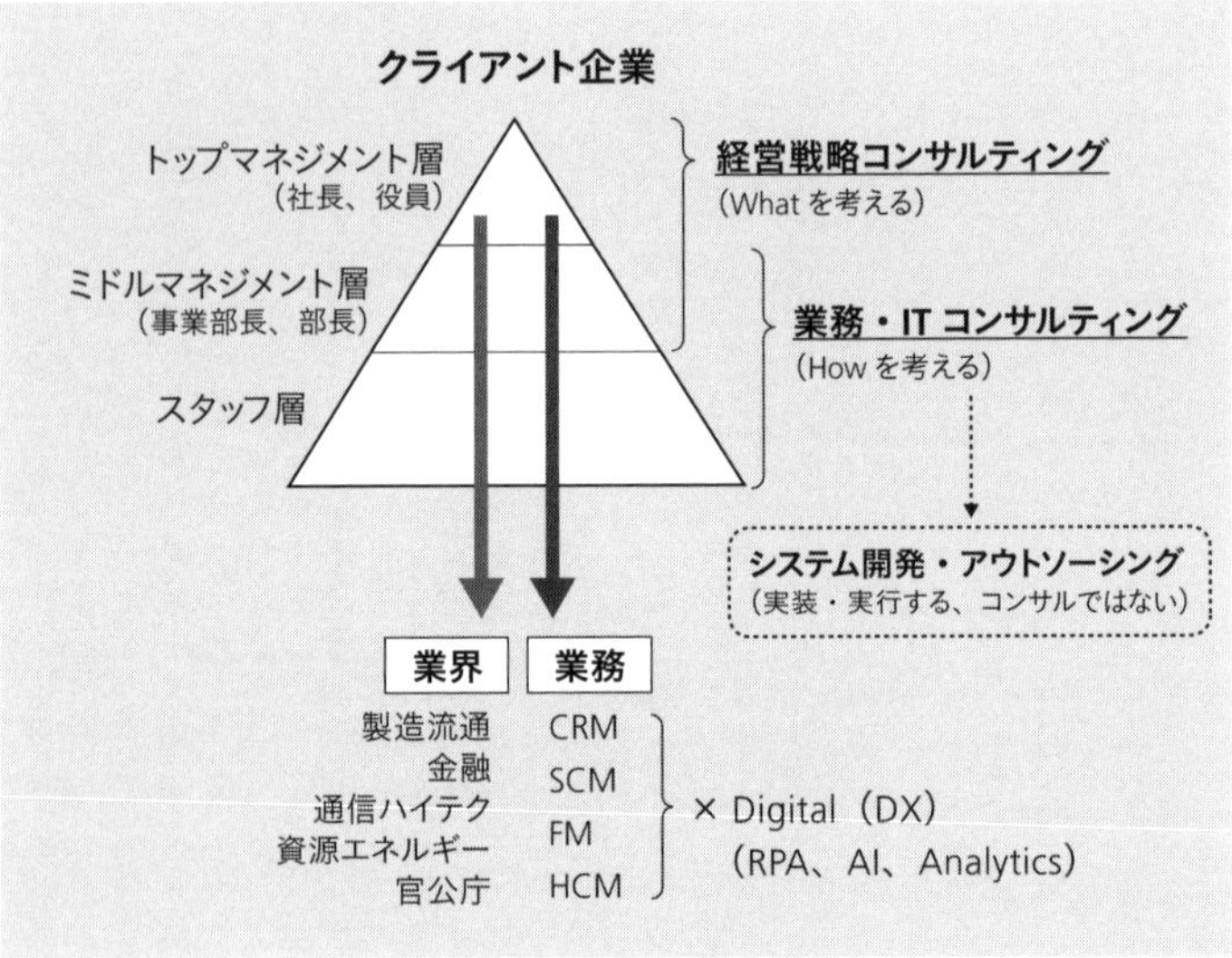

会計（FM：Financial Management）、実行するのは現場社員なので組織人事（HCM：Human Capital Management）などが代表的です。

③ITコンサルティング：ミドル・スタッフ層に向け、Howを考える仕事

そして、これらの業務をより円滑に遂行するために、システムが必要になります。業務プロセスをシステムに落とし込むのがITコンサルティングです。業務プロセスを「どのように（How）システム化するか」を考えることになります。

ただし、どこまでが経営戦略でどこからが業務なのか、という判断が難しいプロ

ジェクトも多いです。特に、「実行支援系のプロジェクト」の分類は難しくなります。ある経営戦略（Ｗｈａｔ）が経営会議で決まり、事業部や部などの現場に下りてきてその実行（どうやって実現するか：Ｈｏｗ）を支援するという場合、このプロジェクトを安易に「業務コンサルティング」に分類することはできません。経営会議で決まった戦略は大きな方向性であって、現場が具体的に実行に移すためには、まず事業部や部レベルでの戦略（Ｗｈａｔ）を考える必要があったりもします。このようなプロジェクトは、「ミドルマネジメント層に対する経営戦略コンサルティング」になります。

また、近年はデジタル（ＤＸ：Digital Transformation）という領域もあります。デジタル領域のコンサルティングの場合、経営戦略から業務・ＩＴまで幅広く関わり、①〜③のどこにあたるかはプロジェクトごとに変わります。ＤＸによる新規事業立案であれば経営戦略領域に、生産製造プロセス改革であれば業務領域、ＣＲＭツール導入であればＩＴ領域になるといった感じです。

「経営戦略コンサルタント」に求められるもの

——知識ではなくロジックで問題解決をする仕事

求められるバリュー（付加価値）

経営戦略コンサルタントは、クライアント企業のマネジメント層に対して、主に経営戦略領域（What）の問題解決を行います。

クライアントの多くは大企業。大企業のマネジメント層というと、年齢は社長や役員クラスではほとんどが50代以上、事業部長や部長クラスの場合若くて40代がいるかどうか、という人々です。クライアント企業の業界や業務に関する経験・知識については、クライアントのほうが圧倒的に豊富なのは間違いありません。

また、大企業で出世しているわけですから、当然優秀です。それでも自分たちで解決できない問題をファームに依頼しています。このようなクライアントを相手に、20代・30代の若手コンサルタントが提供できるバリューは何かを考えてみてください。少なくとも、社会人経験数年から10年ぐらいで培った「経験や知識ではない」ことは、すぐにわかると思います。

つまり、経営戦略コンサルタントは、自らの経験や知識でクライアントにアドバイスするのではなく、あくまで「論理的に」クライアントが抱える問題を明確にし、原因を特定し、解決に導くのが仕事です。この「問題解決力」がコンサルタントに求められるバリューとなります。

重視されること

ファーム側が重視するのは、前述の「問題解決力」を備えた一人前のコンサルタントに育成できるかどうかです。あくまでポテンシャル重視です。

そのため、面接では「インテレクチュアルスキル（知的さ）」「インターパーソナルスキル（対人関係スキル）」「人物面・マインドセット」をしっかりと確認し、コンサルタントとしてのポテンシャルを測っています。特に「インテレクチュアルスキル」は極めて高い水準が求められます（詳しくは第3章で説明します）。

重視されないこと

その反面、これまでの職務経験や仕事内容は原則重視されません。

書類選考で学歴や職歴のハードルが高いことは避けられませんが、このハードルをクリアする人であれば、職務経験や仕事内容はあまり問われることなく面接を受けられるチャンスがあります。

もちろん面接で職務経験や仕事内容に関する質疑応答はありますが、あくまで見られているのは、前述のインテレクチュアルスキルやインターパーソナルスキル、人物面・マインドセットです。コンサルに近い仕事（例えば経営企画やマーケティングなどの企画系業務）を経験していなくても問題ありません。今の仕事が営業でも研究開発でも生産現場でも人事でも経理でも、経験不問で可能性があります。そのため、キャリアチェンジに向いているといえます。

2010年代以降の傾向

学歴に関しては、いわゆる「最難関」の大学出身者が占める割合は依然として高いです。全体の採用数が増加しているため、昔に比べて実数ベースでは学歴の幅が拡がっています。

さらに、特定の業界や業務における高い専門性を持った人（医師やSCM、IT／デジタルなど）は、35歳を超えても採用に至るケースが増えています。

「業務・ITコンサルタント」に求められるもの

——経験や業務の知識を前提にアドバイスをする仕事

求められるバリュー

業務コンサルティングとITコンサルティングは、コンサルティングの領域としては明らかに異なりますが、ファームが求める人材像の特徴は似ているので併せて説明します。

業務コンサルタントとITコンサルタントは、いずれも、クライアントが掲げている目標をどうやって（How）実現するかを支援します。カウンターパートとなるのは事業部長や部長などの一定の裁量権を持った（ファームに依頼できるだけの予算を持っている）ミドルマネジメント層や現場のスタッフ層になります。

具体的には売上向上やコスト削減、生産製造プロセスの改善、経営管理の高度化、組織改革、人事評価制度改革などの業務上の問題解決やシステム導入などのコンサルティングを行います。

そのため、クライアント企業が属する業界や各業務、ITに関する経験・知識がある程度はないと、クライアントと専門的な話をすることができません。

重視されること

財務会計を知らない財務会計コンサルタント、ITの経験が全くないITコンサルタント……は基本存在しません。プロジェクトに入ってから、その業務やITに関して一から学び始めるというのはかなり無理があります。採用で求められるのは、まず業界や業務・ITに関する経験や知識であり、その上でコンサルタントとしてのスキルを求められることになります。この点が、職務経験をほぼ重視されない経営戦略コンサルタントとは決定的に異なる点です。

また、企業の人数構成は経営トップ層よりもミドル層、スタッフ層の人数が多くなるピラミッド構造になっているため、業務・ITコンサルティングは経営戦略コンサルティングよりもプロジェクトの規模が大きくなり、より多くのコンサルタントを必要とします。希望する業務・ITコンサルティングにマッチした経験・知識を有していないと受けることができないという大きな制約がありますが、数字的な合格率は経営戦略コンサルティングよりも高くなります。

重視されないこと

「重視されない」というと語弊がありますが、ロジカルシンキングなどの「インテレクチュアルスキル」（第3章参照）に関しては、経営戦略コンサルタントほどの高い水準までは求められません。これは、経営戦略コンサルタントが携わるプロジェクトのテーマは抽象度が高いですが、業務・ITコンサルタントが手掛けるプロジェクトは、ある程度方向性が定まっており具体化されているためです。

2010年代以降の傾向

学歴に関しては、以前から、経営戦略領域よりも幅広い大学の出身者が採用される傾向です。さらに全体の採用数も増加しているため、実数ベースではかなり幅広い学歴の人が採用されています。また、業界や業務・ITに関する高い専門性が認められれば、学歴不問となる傾向がありますし、年齢もかなり幅広く40代でも採用されるケースがあります。

ファームの分類は「経営戦略系」「総合系」「独立系」の3つ

――総合系ファームは同じ会社であっても「どの部門か」に注意

コンサルティング領域と併せて、コンサルティングファームを大きく「経営戦略系」「総合系」「独立系」の3つに分類しておくと、さらに理解しやすくなります。

経営戦略コンサルティングを主に手掛けているのが「**経営戦略系コンサルティングファーム**」。経営戦略から業務・ITコンサルティングまでの全てを総合して手掛けているのが「**総合系コンサルティングファーム**」。既存のファームから独立して、新しく設立されたファームが「**独立系コンサルティングファーム**」です。

経営戦略系ファームは、経営戦略領域のコンサルティングを主に手掛けています。経営戦略領域のプロジェクトは少数精鋭のため、ファームも100~200名ぐらいの規模が多く、部門も分かれていないので、応募する際はシンプルです。

一方、理解が少し難しいのが、アクセンチュアやBIG4（デロイト、PwC、EY、KPMG）に代表される総合系ファームです。組織が大きくなり、数千名のコンサルタントを擁しているため「アクセンチュアで働いていた」といっても、これだけではどの領域のコンサルティングを手掛けていたかは全くわかりません。そのため総合系ファームは「ファーム単位」ではなく、どの部門（グループ）がどの領域のコンサルティングを手掛けているのかを理解した上で、自分が希望する部門に応募する必要があります。

独立系ファームは、それぞれ、創業者が元々在籍していたファームとは異なる独自の強みや特徴を持っています。しかし、手掛けているコンサルティングの領域という観点では、元にいたファームと同じです。「どこから独立したファームか」のルーツを探ることで、どの領域を手掛けているかがわかります。例えば、BCGはアーサー・ディ・リトルから独立したファームで、ベインはBCGから独立しています。今ではTop-tier（トップティア）と呼ばれるファームも、元は独立系ファームでした。

なぜ独立系ファームが生まれるのかは、コンサルタントを「職人」にたとえるとわかりやすいと思います。いわば、修業して一人前になったら独立する職人がいるのと同じです。

コンサル業界は「大手ファームに入ったら有利」ではない

――大手は期待した経験が積めないリスクも

コンサルティングファームの規模は、大手では数千名ものコンサルタントが所属するファームもあれば、独立系の中小ファームでは数名から数十名規模のところもあります。

結論を先に書くと、**コンサルタントとしてのスキルアップやキャリア構築の観点からは、大手でも中小でもどちらでも問題ありません。**その理由は、コンサルタントのキャリアは従事するプロジェクトで決まるからです。

ひとつのプロジェクトにアサインされるコンサルタントの人数は、ほとんどのプロジェクトが3〜4人で、大きいプロジェクトで5〜6人ぐらいです。パートナーと自分だけの2人プロジェクト（実質1人）という場合も意外とあります。クライアントの全社改革や、全社業務改革から基幹システム更改に至るような大規模プロジェクトでは10人超もありますが、業界的にはそう多くはありません。つまり、コンサルティングのプロジェクトは、その多くが小規模なのです。

また、一度プロジェクトで関わったパートナーやマネージャーに気に入られると、次のプロジェクトも一緒にやることが多いです。その結果、大手であっても実際に関わるコンサルタントは限られ、コンサルタントとしてスキルやキャリアを積むという観点で、大手と中小で差がつくことはありません。

大手のメリットは、パートナー・マネージャー層の人数が多いので自分に合った人を見つけやすいこと、そしてプロジェクト数が多くテーマが幅広いので、自分が活躍できるプロジェクトに出会える可能性が高いことです。

扱うテーマが幅広いことは、逆にデメリットにもなります。最初にあまり興味がないプロジェクトに配属され、そこで評価されてしまったためになかなか抜け出せなくなり、結果的に興味あるプロジェクトができず、期待していた経験が積めない……という悪循環にハマってしまう場合もあります。

一方、中小ではこれらの裏返しのことが起こります。

メリットとしては、中小ファームはプロジェクト数が少ないのでテーマが均一で、そのテーマと相性がよければ興味があるプロジェクトだけに関わることができます。また一人のコンサルタントが担う範囲が拡く裁量も大きく、その結果ファームの成長を自分ごととして身近に感じることができます。

デメリットは、上位ランクのコンサルタントと合わなかった場合、代わりの合う人を探そうにも人数が少ないので難しいことです。また興味あるテーマが見つからない場合、そもそものファームで探すのは困難なため、ファームを変えるしか打つ手がありません。

外資系か日系かは気にしなくてOK

——カルチャーのルーツはどちらもアメリカ

大手／中小とはまた別の観点ですが「外資系のファームに行きたいです」という希望もよく聞きます。この場面の「外資系」には、いわゆる「日系」と対比する意味合いが含まれていることがほとんどだと思います。

結論、ロジカルシンキング型（論理的問題解決型）コンサルティングを手掛けるファームである限り、外資系にこだわる必要はありません。コンサルティングファームは、**仕事の仕方やキャリアの考え方、カルチャーにおいて、「外資系」と「日系」の差はない**からです（コンサルティングファームは法人登記上「日系：日本で設立された会社」であっても、その中身は多くの人が考えるいわゆる「外資系」と同じです）。

この理由は、コンサルティングのルーツにあります。そもそもコンサルティングはアメリカで生まれたプロフェッショナルな仕事であり、コンサルタントが集まってファーム（企業）を形成したり分裂したりしてきました。

また、このようなファームが日本にオフィスを構えることで日本に入ってきて、日本人のコンサルタントが採用・育成され、日本でも同様に色々なファームができて今に至っています。

ゆえに、日本で設立された「日系」のファームであっても、そのルーツを辿るとアメリカに行きつくのです。仕事の仕方やカルチャーは、人の育成にとても大きく影響しますので、いわゆる「日系」的な、ゼネラリストを育成するための仕事の仕方や、「出る杭を打つ」カルチャーでは、コンサルタントが育つことは絶対にあり得ません。

役職は4つ。「アナリスト」「コンサルタント」「マネージャー」「パートナー」

――ファームは違っても同じ領域であれば仕事内容は同じ

コンサルタントのランク（職位）は、下から大きく「アナリスト」「コンサルタント」「マネージャー」「パートナー」の4つに分かれています。コンサルティングファームによって呼称が違うこともありますが、求められる仕事内容で分けられたランクなので、この4つを理解しておけば大丈夫です。それぞれの違いを説明します。※

※なお、ファーム内で実際に使われる役職名としては、「アナリスト」「シニアアナリスト」「コンサルタント」と、ひとつ「シニアアナリスト」の階層が増えることが多いです。これは、育成をスムーズにしたり、求職者にオファーを出しやすくしたりするためです。

アナリスト：泥臭いが重要な「情報収集、分析、資料作成」を行う

マネージャーやコンサルタントの指示の下、プロジェクトを進める上で必要な情報収集（リサーチ、インタビュー、アンケートなど）、分析、資料作成を担当します。プロジェクトメンバーはアナリストのアウトプットをもとに仮説を検証・再構築していくため、とても重要な仕事です。

情報収集、分析、資料作成はコンサルタントとしての基本となる作業ですので、アナリストのときにみっちりと叩き込まれます。これらはとても地味で根気のいる作業で「コンサルは泥臭い」とよくいわれるゆえんです。また、アナリストとはいえ、作成する資料やミーティングでは「示唆を出す」ことを求められます。この「示唆出し」がコンサルタントの真骨頂ですが、「要は何がいえるのか（何をいいたいのか）」というスタンスを取ることが重要です。このような日々の作業やコンサルタントとしての意識改革を通して、日頃から論理的に考える癖が身につき、コンサルタントとしてのスキルが高まっていくことになります。

コンサルタント：プロジェクトの一部に責任を持つ

プロジェクトの中のひとつのモジュール（プロジェクトのひとつの構成要素、分担された役割、「パート」と呼ぶこともある）を担当し、責任を持ってそのアウトプットを仕上げてい

きます。その際、モジュールをさらに複数のタスクに分解し、下に付いているアナリストにタスクを割り振ったり、自分もタスクを担当したりします。最終的には各タスクのアウトプットをまとめ上げて、担当モジュールの成果物を作り込んでいきます。当然担当しているモジュールは他のモジュールとの関連性があり、プロジェクトの仮説や方向性に沿っているので、プロジェクト全体の中でのモジュールの位置づけや意味合いを理解しながら進めていく必要があります。そのため、コンサルタントとはいえプロジェクト全体を把握し、プロアクティブ（主体的・能動的）に動くことが重要です。コンサルタントで2、3年目となると、徐々にマネージャーとしてのロール（役割）も担うようになります。

マネージャー：クライアントの期待値コントロールとメンバー育成が仕事

コンサルタントでプロジェクトマネジメントができると認められると、マネージャーにプロモーション（昇進）します（多くの事業会社の場合は、昇進することで仕事の範囲や権限が拡がりますが、コンサルタントの場合は、次の役職の仕事ができることが認められるとプロモーションします。そのため、コンサルタントのうちからマネージャーロールを経験させられます。同様に、アナリスト期間の後半はコンサルタントとしてのロールを担うようになります）。

マネージャーに一番求められるのは、クライアントとの関係構築（期待値コントロール）とプロジェクトメンバーの育成の2つです。

プロジェクトマネージャー（現場責任者）として、プロジェクトのスコープを明確にし、完遂するために必要なモジュールに分解し、各モジュールをチームメンバーに割り振り、進捗を管理し、定期的にパートナーやクライアントに進捗を報告し、必要に応じて仮説や作業内容を修正し、期限内にプロジェクトを終わらせることを目指す、これを通してアナリストやコンサルタントを育成していく、という非常に重要で大変な仕事です。もちろん、プロジェクトのオーナーはマネージャーの上のパートナーですが、パートナーは同時に複数のプロジェクトを抱えていますので、マネージャーがプロジェクトの現場責任者です。

クライアントは、プロジェクトのスコープから外れたことを依頼してくる傾向がありま す。これを何でも聞き入れていると作業量が膨大になり期限内に終えることができず、メンバーが疲弊しますし、最悪プロジェクトが失敗してしまいます。そうならないように、「できないことはできない」とクライアントにうまく伝えながら期待値をコントロールしないといけません。また、メンバーの中にはプロジェクトに初めてアサインされた新人コンサルタントがいたりもするので、各メンバーの能力に応じて適切なタスクを割り振り、進捗を管理する必要があります。

このように、最終的にクライアントが満足する成果を出せるプロジェクトマネジメントが求められます。プロジェクトを成功に導き、クライアントの信頼を勝ち取り、継続プロジェクトをクライアントから依頼されることが、マネージャーに求められる仕事です。

パートナー：営業とファームの経営が仕事

パートナーは、セールス（プロジェクトの受注、営業）とコンサルティングファームの経営を担います。セールスは、これまでに関係のあったクライアントから提案依頼を受けたり、新規に開拓して提案したりします。世の中の動きの先を読み、クライアントが今後抱えそうな経営課題を先回りして提起するなど、新しいコンサルティングテーマの開発もパートナーの役割です。

プロジェクトはパートナーの名前で受注しますので、最終的なアウトプットの責任はもちろんパートナーにあります。そのため、プロジェクトのマネジメントはマネージャーに任せますが、仮説の構築や作業内容についてのアドバイス、最終的な落としどころの決定などにはもちろん関与します。

ファームの経営は、事業会社の経営と同じように、ファームの経営ビジョン策定や今後どのようにファームを成長させるか、どんな業界やテーマに注力するか、などはもちろん、採

ランクと主な仕事

ランク	主な仕事	年数目安
アナリスト シニアアナリスト	・情報収集 ・分析 ・資料作成	1～3年
コンサルタント シニアコンサルタント	プロジェクトの一部を担当	各ランク 2～3年
マネージャー シニアマネージャー	・プロジェクトマネジメント ・クライアントとの関係構築 ・プロジェクトメンバーの育成	各ランク 2～4年
パートナー	・プロジェクトの受注・営業 ・ファームの経営	主に 10年以上

用や育成、社員の労務管理、オフィス周りなども含めて多岐にわたります。

この中でも特に重要なのが「採用と育成」です。コンサルティングファームは人が全てですから、採用と育成は非常に重要な経営マターです。ゆえに、ファームの採用責任者はパートナーが担い、採用チームもパートナーからマネージャーまでのコンサルタントで組成されます。人事部が採用を主導する事業会社とは全く異なり、現場のコンサルタントが主な採用活動を行うことになります。選考に関わる面接官も全てコンサルタントです。また、エージェントへの採用ニーズの説明もパートナー自ら行いますので、私も様々なファームのパートナーと直接やり取りをしています。

年収はアナリスト450万円～マネージャー2500万円

――受ける前に給与体系・レンジを知っておこう

コンサルタントとしてプロフェッショナルなキャリアを歩むのであれば、自分の付加価値を示す年収にはこだわるべきだと思います。

ファームには給与テーブルやオファー年収の出し方があるので、これを正しく理解した上で交渉を行いましょう（具体的な年収交渉については186ページ参照）。この**前提知識がないと、うまく希望年収を引き出せないばかりか、マイナスのイメージを与えてしまい、せっかくのオファーが一転して見送りになる**こともあります。

私自身が担当した求職者でも「オファーを出しても、希望年収との乖離が大きく来ていただけないと思いますので、検討した結果今回はオファーを見送らせていただきます」といわれた経験があります。

コンサルティングファームの年収は、コンサルタントのランクごとに給与テーブルがあり、オファー年収は給与テーブルに従うことになります。面接の評価でオファーのランクが決まり、ランクが決まれば給与テーブルに沿って年収が決まるのが基本的な流れです。これに他社状況や現在年収などを加味して、最終的なオファー年収が決まりますが、ランクに対してある程度の給与レンジ（幅）があるファームもあれば、ランクで一律にベース給与が決まっているファームもあります。

また、ファームの年収は、

・ベース（基本給）
・ボーナス（業績給、賞与）
・残業代（みなし残業としてベースに含まれているファームが多いです）

で構成されますが、ファームによってオファーレターに明確に記載される内容は様々で、ベースは必ず記載されますが、ボーナスや残業代は記載せずにオファー面談で説明するところ、想定額を記載するところ、大体のレンジで記載するところなどがあります。

さらに、これらとは別にサインオンボーナス（一時金）を付けてくれる場合もあります。サインオンボーナスとは、現在年収や希望年収との開きが大きい場合などに、オファーレターにサインする（オファーを受諾する）ボーナスとして、入社後に一度だけ支給されます。

私は最近、コンサルティング業界の年収水準は「高い」というイメージだけが一人歩きしている気がします。

確かに事業会社と比較すると総じて高めではありますが、若手のうちはそこまで極端に高いわけではありません。そのため、20代での平均年収が高い業界から転職する場合は、年収が下がることもしばしばあります。商社や広告代理店からだと特に多く、金融業界でも一部の人は下がったりします。これはキャリアチェンジなので仕方のないことで、許容せざるを得ませんが、転職活動の初めのうちに、そもそもの転職の目的や将来的な年収について考える必要があるということです。また、コンサルティングファームの昇進スピードはとても速く、昇給の幅も大きいので、一時的に年収が下がっても将来的なアップサイド（成長余地・伸びしろ）をふまえて検討する必要があります。

経営戦略系ファームの給与テーブル

ランク	下限 （ベースのみ）		上限 （最大賞与含む）
アナリスト	600	～	1100 万円
コンサルタント	800	～	1500 万円
シニアコンサルタント	1200	～	2100 万円
マネージャー	1500	～	2500 万円

ファームによって各ランクの階層・呼び方が異なる
→便宜上マネージャー手前を上記３つで表記

マッキンゼー：ビジネスアナリスト→ →ジュニアアソシエイト→アソシエイト
BCG：アソシエイト→シニアアソシエイト→コンサルタント→シニアコンサルタント
ベイン：アソシエイトコンサルタント→シニアアソシエイトコンサルタント→コンサルタント
アーサー・ディ・リトル：ビジネスアナリスト→コンサルタント→シニアコンサルタント
A.T. カーニー：ビジネスアナリスト→シニアビジネスアナリスト→アソシエイト
Strategy&：アソシエイト→シニアアソシエイト
ローランド・ベルガー：ジュニアコンサルタント→コンサルタント→シニアコンサルタント
ドリームインキュベータ：ジュニアビジネスプロデューサー→ミドルビジネスプロデューサー→シニアビジネスプロデューサー

総合系ファームの給与テーブル

ランク	下限 （ベースのみ）		上限 （最大賞与含む）
アナリスト	450	～	650 万円
コンサルタント	580	～	900 万円
シニアコンサルタント	680	～	1300 万円
マネージャー	1000	～	1800 万円

ファームによって各ランクの階層・呼び方が異なる
→便宜上マネージャー手前を上記３つで表記

アクセンチュア：アナリスト→コンサルタント
デロイト：ビジネスアナリスト→コンサルタント→シニアコンサルタント
PwC：アソシエイト→シニアアソシエイト
EY：コンサルタント→シニアコンサルタント
KPMG：ビジネスアナリスト→コンサルタント→シニアコンサルタント
アビーム：コンサルタント→シニアコンサルタン

第2章

この章では、コンサルティングファームに「入社できた人」の学歴や年齢、職務経歴など、ハード面の共通点について、ファクトベースで説明します。

ハード面は、書類選考で見られるポイントです。「自分の経歴ではコンサルティングファームに入社するのは難しい……」と思っている人も、この章を読むと、可能性があることに気づくと思います。

ファームに「入社できた人」の共通点

ハード面

学歴

「高学歴でないとコンサルにはなれない」は昔の話

――ファームは「最速で一人前に育てられるか」を見ている

優秀、地頭がいい、ロジックが強い……。コンサルタントに対するイメージから、「偏差値がトップクラスの大学を卒業していないとコンサルタントにはなれない」と思っている人はとても多いです。実際に「私の学歴だと、コンサルティング業界は難しいでしょうか？」「あきらめたほうがいいでしょうか？」という質問をよく受けます。

これに対して私は「『高学歴だと有利』という現実はあります。でも『高学歴でないとダメ』という時代は終わりました」と回答しています。具体的にどういうことなのか、ファームの選考の基準について詳しく解説していきます。

前提として、コンサルティングファームの中途採用における学歴の見方は大きく次の3つに分かれます。どのファームも、ほぼ共通でこの分類と考えてください。いわゆる大学受験のときの偏差値とほぼ一致します。

学歴①：戦略6大

東京大学、京都大学、早稲田大学、慶應義塾大学、東京工業大学、一橋大学、（有名医科大学、海外トップ大学）

学歴②：国立上位大・私立上位大・GMARCH・関関同立

旧帝国大学、上位国公立大学、上智大学、国際基督教大学、東京理科大学、GMARCH（学習院大学、明治大学、青山学院大学、立教大学、中央大学、法政大学）、関関同立（関西大学、関西学院大学、同志社大学、立命館大学）、海外大学

学歴③：右記以外

ファーム側が学歴を見る一番の理由は「面接のキャパシティ」です。100名規模のファームの場合、面接官を担当する一定以上の役職者は、多くても約半数の50名ぐらい。もし数百名の書類が届いた場合、全ての候補者を面接するのは物理的に不可能です。そのた

め、致し方なく書類選考を行う必要があり、その際に多くの求職者が経験している大学入試時の偏差値を「思考力に見立てて」判断基準としています。ゆえに、実はファームの規模が大きくなると書類が通過する人の学歴も幅広くなります。

このような理由から、**規模が小さい外資経営戦略系ファーム（多くが100〜200名規模）は、学歴①の「戦略6大」はほぼ全員書類を通し、学歴②の「国立私立上位大・GMARCH・関関同立」は職務経歴も見て判断する**ことが多いです。一方、**大手総合系ファーム（数千名規模）は面接官の人数にも余裕があるため、学歴②はほぼ全員書類を通し、学歴③は職務経歴と併せて選考する**ことが多いです。

ちなみに、ファームが見ている学歴は「最終学歴」ではありません。「大学入試（学士の学歴）」を参考にしています。そのため、高校入試までさかのぼり、有名私立進学校出身の場合はプラスアルファの評価になります。

一方で近年、この基準が大きく変わってきています。すなわち、学歴での「選考基準」がかなり緩和されてきました。理由は3つあります。

ひとつめの理由は、ファーム側に学歴にとらわれずに採用できるノウハウが蓄積されたからです。コンサルティングファームが長年採用と育成を行ってきた結果、「どのような資質や傾向を持った人なら一人前のコンサルタントとして育成できるか」を見抜けるようになってきました。

2つめの理由は、プロジェクト数の増加です。ファームの規模を拡大するためには、プロジェクト数が増えなければなりません。プロジェクト数を増やすためには、これまで手掛けていなかった業界を手掛けたり、よりクライアントに深く入り込んだりするので、プロジェクトの業界とテーマの幅が拡がります。その結果、クライアントからより高い専門性（業界・テーマの知見）を求められるようになり、学歴だけでなく、職務経歴やスキルも含めて選考が実施されるようになったのです。

3つめの理由は、コンサルティングスキル（ロジカルシンキングや経営学的知識など）が一般にも普及し、ポテンシャルが高い人が増えたからです。10年以上前は、候補者との面談の中でロジカルシンキングやフレームワークについてゼロから説明することも多かったですが、今では多くの人が既に知っています。また、教育の内容・質が時代と共によくなっているのもあると思います。私がこの仕事を始めた頃と比較して、学歴に関係なく「自ら考え、自らの意見を持ち、自らの言葉で伝えることができる」人が増えていると感じます。卒業大学によってごく限られた人だけしかコンサルタントになれなかった時代は終わりつつあるのです。

経営戦略系ファーム　転職者の学歴分布

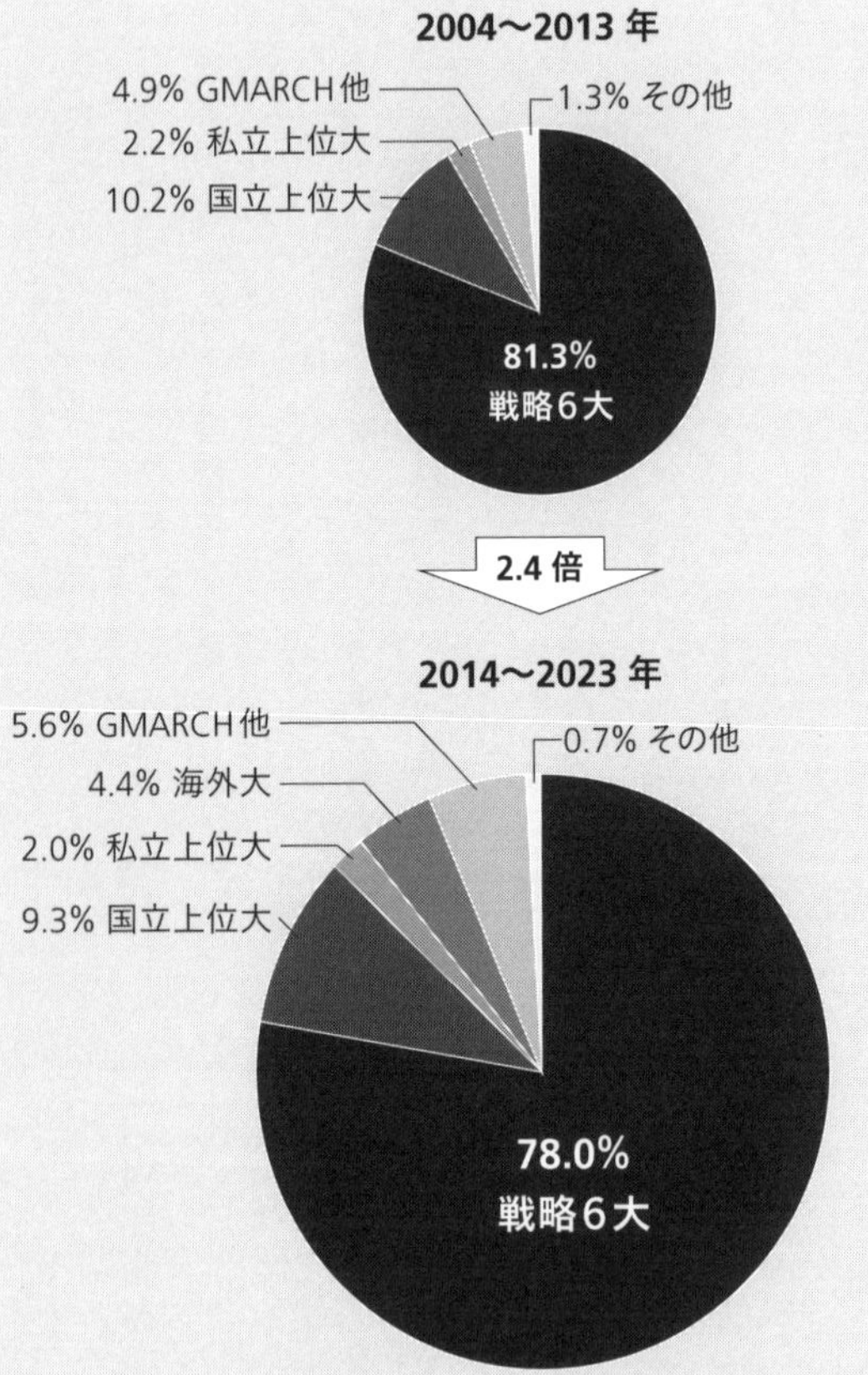

- 歴史的に、経営戦略系ファームに受かりやすいといわれている大学を「戦略 6 大」と命名
- この 10 年で、やや戦略 6 大の割合が低下
- どの大学も割合はわずかな変化に見えるが採用「実数」は明らかに伸びている（全体の採用数が増加しているため）

総合系ファーム　転職者の学歴分布

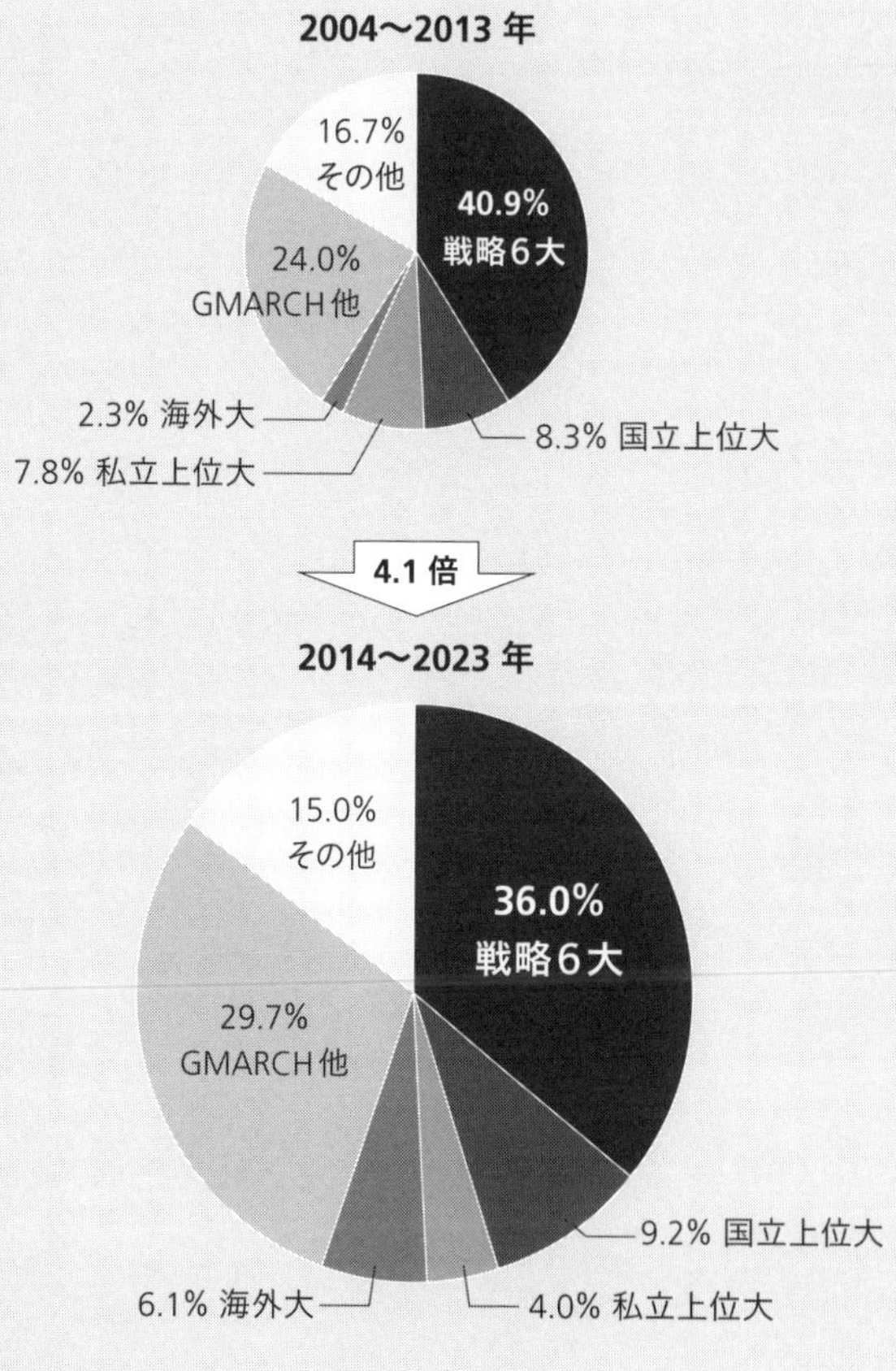

- **経営戦略系と比べると、幅広い学歴から採用**
- **この 10 年で、戦略 6 大が減り国立上位大、GMARCH、海外大の割合が増加**

学歴①
- **戦略 6 大：** 東大、京大、早慶、一橋、東工大、（有名医科大、海外トップ大）

学歴②
- **国立上位大：** 北大、東北大、名古屋大、大阪大、九州大、お茶の水女子大、その他医科大（各地域の国立トップ大、GMARCH やや上の国立大）
- **私立上位大：** 上智大、国際基督教大、東京理科大
- **海外大：** 海外トップ大以外の海外大
- **GMARCH 他：** GMARCH、関関同立、東京外国語大、東京学芸大学、千葉大、横浜国立大、神戸大、筑波大（GMARCH 同等の国立大）

学歴③
- **その他：** 上記以外の国立大・私立大

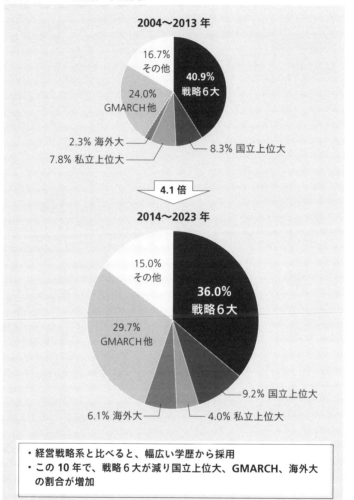

年齢

「36歳以上」「第二新卒」は難易度高め

――「20代でないとダメ」は都市伝説

コンサルティングファームに入社できる年齢についても、学歴と同様とてもよく質問を受けます。

特に多いのが、「コンサルファームには、20代でないと入社できないんですよね?」という質問です。これについては「都市伝説です」と即答しています。ぜひ、「思い込み」や「都市伝説」に惑わされず、ファクトを確認してください。

コンサルティングファームの中途採用の年齢は、次の5つに分けて考えます。それぞれ採用の特徴が異なりますので、順に説明していきます。

①20代（第二新卒：社会人経験1～3年）
②20代（社会人経験3年以上）
③30代前半（30～33歳）
④30代半ば（34～35歳）
⑤30代後半（36歳以上）

①20代（第二新卒：社会人経験1～3年）：「若手が足りていないファーム」を狙え

実は大手のコンサルティングファームは基本的に第二新卒採用にはそこまで積極的ではありません。採用要件として、「職務経験2年以上」や「3年以上が好ましい」としているファームもあります。その一番の理由は、大手ファームは新卒採用をしっかりと行っており、若手層は「足りている」状況だからです。

コンサルティングファームの新卒採用は、他の業界とは違い明らかに企業側が有利な買い手市場です。その難関をくぐり抜けてきたコンサルタントの論理的思考力などのソフト面でのポテンシャルはズバ抜けています。コンサルティングファームは、「コンサル未経験の中途採用が主」ですが、それは前述した通り「事業会社の理解」や「社会人としての肌感覚」を求めるからです。第二新卒は、「まだ社会人としての経験が不足している」と見られますので、新卒のコンサルタントと比較された場合、コンサルティングスキルは新卒コンサルタントの方が既に上回っており、社会人としての経験もまだ不十分です。要するに、中途半端な位置づけになります。

過去の私の経験では、「学生時代に企業インターンの経験があり、かつ正社員とほぼ同じ仕事内容をやっていて、新卒後の社会人経験と合わせて3年以上の職務経験がある」というかなり特別な場合以外は、採用に至ったのを見たことがありません。

こうした場合を除くと、チャンスがあるのは「若手が足りていないファーム」です。若手が欲しくても新卒採用は1年に一度しかないため、第二新卒を採用することがあります。もし第二新卒を狙うなら、受けられるファームをしっかりと洗い出す必要があります。

②20代（社会人経験3年以上）、③30代前半（30～33歳）：最も採用されやすい

②③の年齢層は、コンサルティングファームが最も採用したいボリュームゾーンです。社会人としての経験は十分積んでおり、現職で実績や成果をあげて、一番脂がのっている時期でもあります。ファームとしては、この年代でコンサルタントとしてのポテンシャルが高い人を採用してしっかりと育成することができれば、40歳前後でパートナーになれる事例が多いことを、経験からわかっています。

ただし、ちょうど②と③の間の「30歳」を境に、採用のされ方は少し変わります。

特に30代前半になると、面接での見られ方がやや厳しくなります。20代後半はシニアアナリストでの採用がほとんどですが、30代前半はシニアアナリストまたはコンサルタントでの採用となります。そのためケース面接では、聞かれたことの一つひとつに対して自分の考えをしっかりと述べるだけではなく、ケース全体を把握し最初から最後までをある程度自走できるかどうかを見られます。

コンサルタントとシニアアナリストでは年収水準が大きく異なるので、特に商社や金融機関などの現在年収が高い人の場合は、30代前半ではコンサルタントを目指した転職活動を行う必要があります。

④30代半ば（34～35歳）：最近はシニアアナリストでの採用もあり

この年齢層から徐々に採用に至る難易度が上がります。一番の理由は、シニアアナリストより一段ランクが上のコンサルタントでの採用が前提となるためです。

ファーム側は、社内での「年齢とランク、給与のバランス」を気にするので、30代半ばの人をシニアアナリストで採用することは基本的にはありません（早い人は20代後半から、平均的には、30代半ばでマネージャーになる人が多く、あまりに歳上の人が下のランクにいると仕事がやりづらいという問題もあります）。つまり、「コンサルタントで採用される」か、「不採用」かの2択になるわけです。30代半ばでシニアアナリストで入社しても、その後マネージャーになれた割合は低いという統計データから、採用の難易度を上げているファームもあります。

しかし２０１０年代に入ってから、この傾向が変化してきています。30代半ばの人を、シニアアナリストで採用するファームが増えてきました。ファームの採用・育成ノウハウが蓄積され、手掛けるプロジェクトの幅が拡がったことで、30代半ばの人の活躍の場が拡がっているためです。ファーム内に「34〜35歳でシニアアナリストで採用」という事例が増えたことで、さらに採用しやすくなるという好循環も出てきています。

⑤30代後半（36歳以上）：可能性はゼロに近かったが……

従来は可能性が限りなくゼロに近く、超高学歴・超有名大企業で経営企画を経験・海外トップスクールＭＢＡホルダーであれば、ごく稀に採用になるケースがあったくらいでした。

しかし、④と同様36歳以上でも（他の年齢層より難易度が高いことは大前提ではありますが）状況は変わってきています。特定の業界や業務・ＩＴの高い専門性を持つ人が、採用に

経営戦略系ファーム10社　転職者の年齢分布

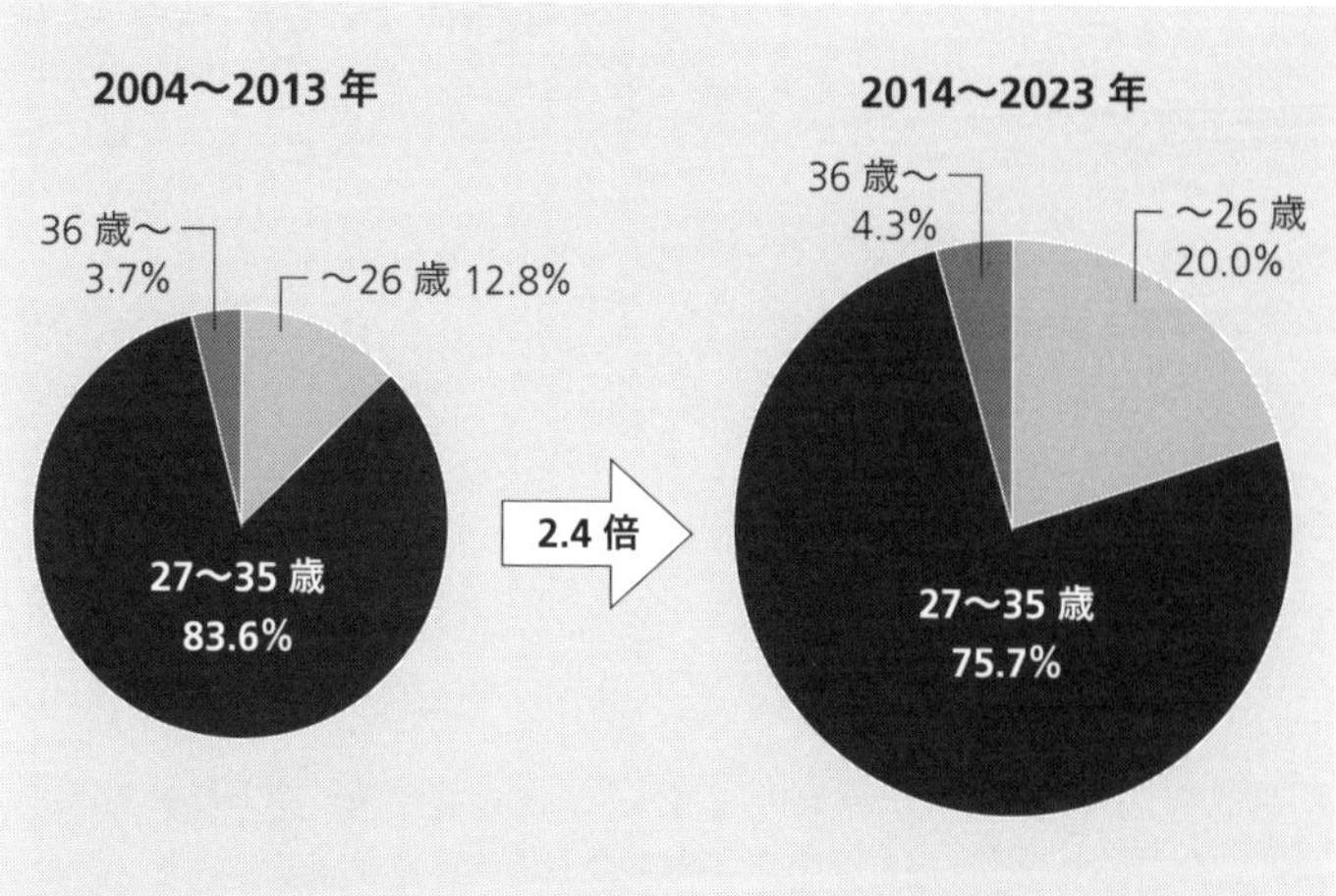

総合系ファーム6社　転職者の年齢分布

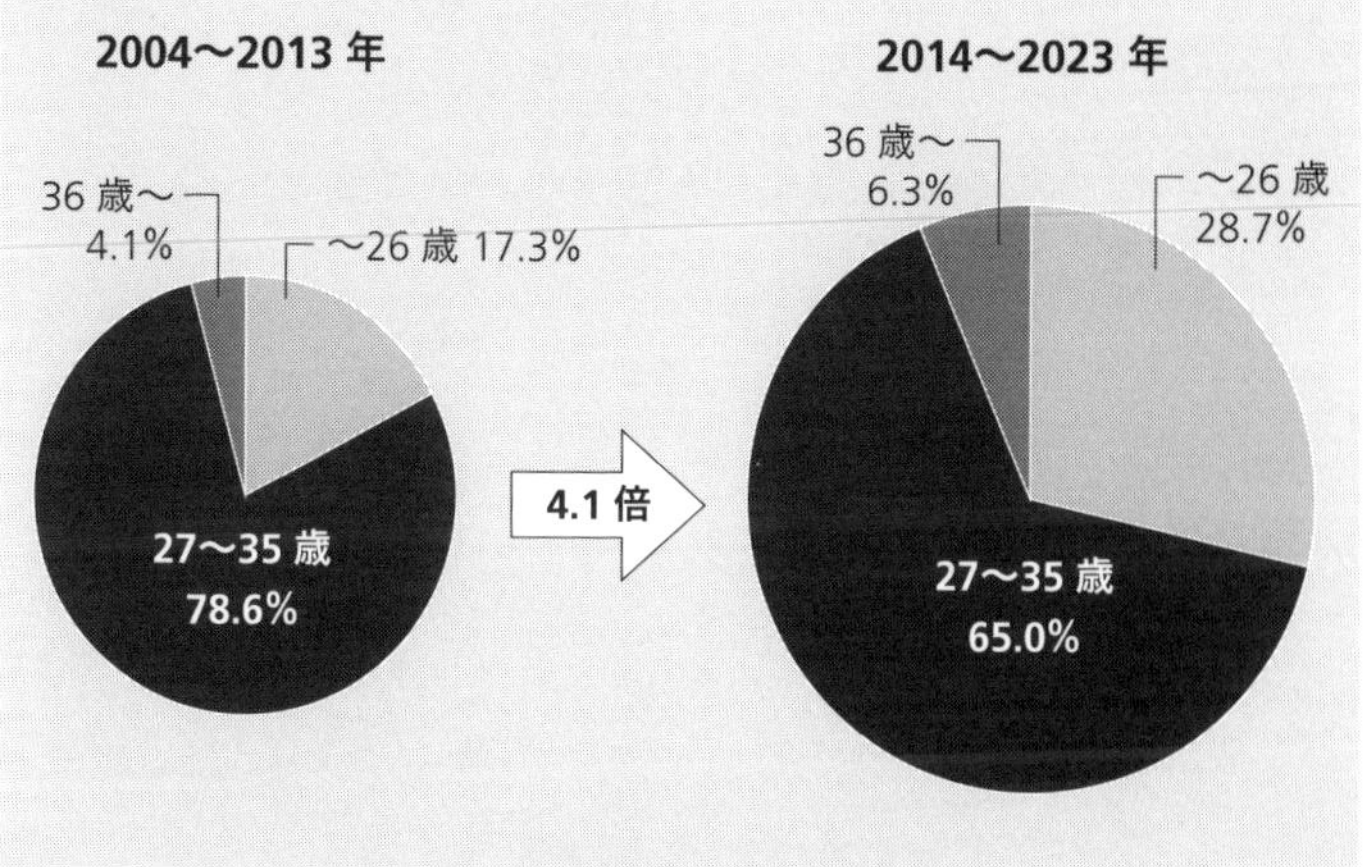

- ボリュームゾーンは 30 歳前後なのは変化なし
- この 10 年は若手（第二新卒）の採用増加が顕著
- 36 歳以上の「割合」は変わらないが、採用「実数」は増加至るケースが増えているのです。

具体的には、業界の専門性（製造業界、金融業界、エネルギー業界、プラントエンジニアリング、官公庁など）、業務の専門性（R&D、生産製造工程、サプライチェーン、M&A、財務経理など）、ITの専門性（SAPやSalesforceなどのパッケージ、大規模システム開発のPM、AI、デジタルなどの最新技術など）を持つ人です。これらは近年の経営環境の変化によりコンサルティングのニーズは高まっているものの、ファーム内に高い専門性を持つコンサルタントが少ない、もしくは足りない領域になります。

大手総合系ファームだけでなく、一部の外資経営戦略系ファームでも採用に至るケースが増えています。

職務経歴

「大企業出身者」が強い

——業界は金融から製造業、官公庁まで偏りなし

コンサルティングファームはどんな「企業」「業界」の人を採用したいのか。この答えはシンプルで、クライアント側（プロジェクトを手掛けることが多い企業や業界）の出身者です。

理由は、中途採用したコンサルタントが、入社後すぐに成果を出しやすいからです（業界の知識などを重要視しているわけではありません）。つまり、ファーム側から見てアサインできるプロジェクトが多い人のほうが採用しやすくなります。

結果的に、大企業出身者は有利になります。**経営戦略系ファームや総合系ファームのクライアントは大企業が中心だから**です。また、コンサルタントとしてのポテンシャルの観点でも、新卒採用において大企業の人気は高いですから、大企業出身者のほうが優秀な人が多い＝就職偏差値が高いという、ファーム側のこれまでの採用における経験則もあります。

経営戦略系ファーム10社　転職者の職歴分布

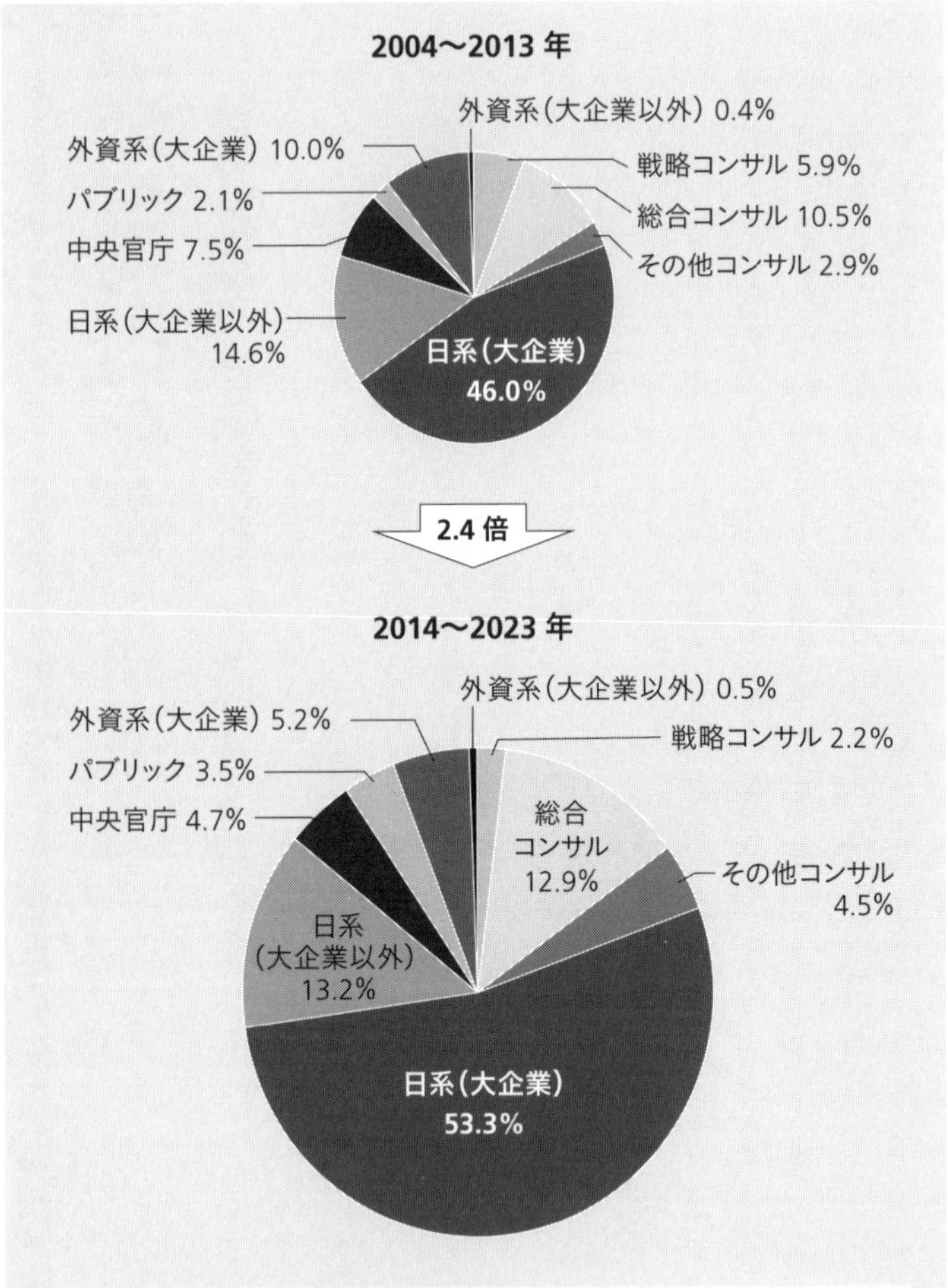

- 日系大企業出身者が圧倒的に多い
- 総合系ファーム出身者の採用が伸びている
- コンサル未経験者採用が圧倒的に多く、経験者の4倍

総合系ファーム6社　転職者の職歴分布

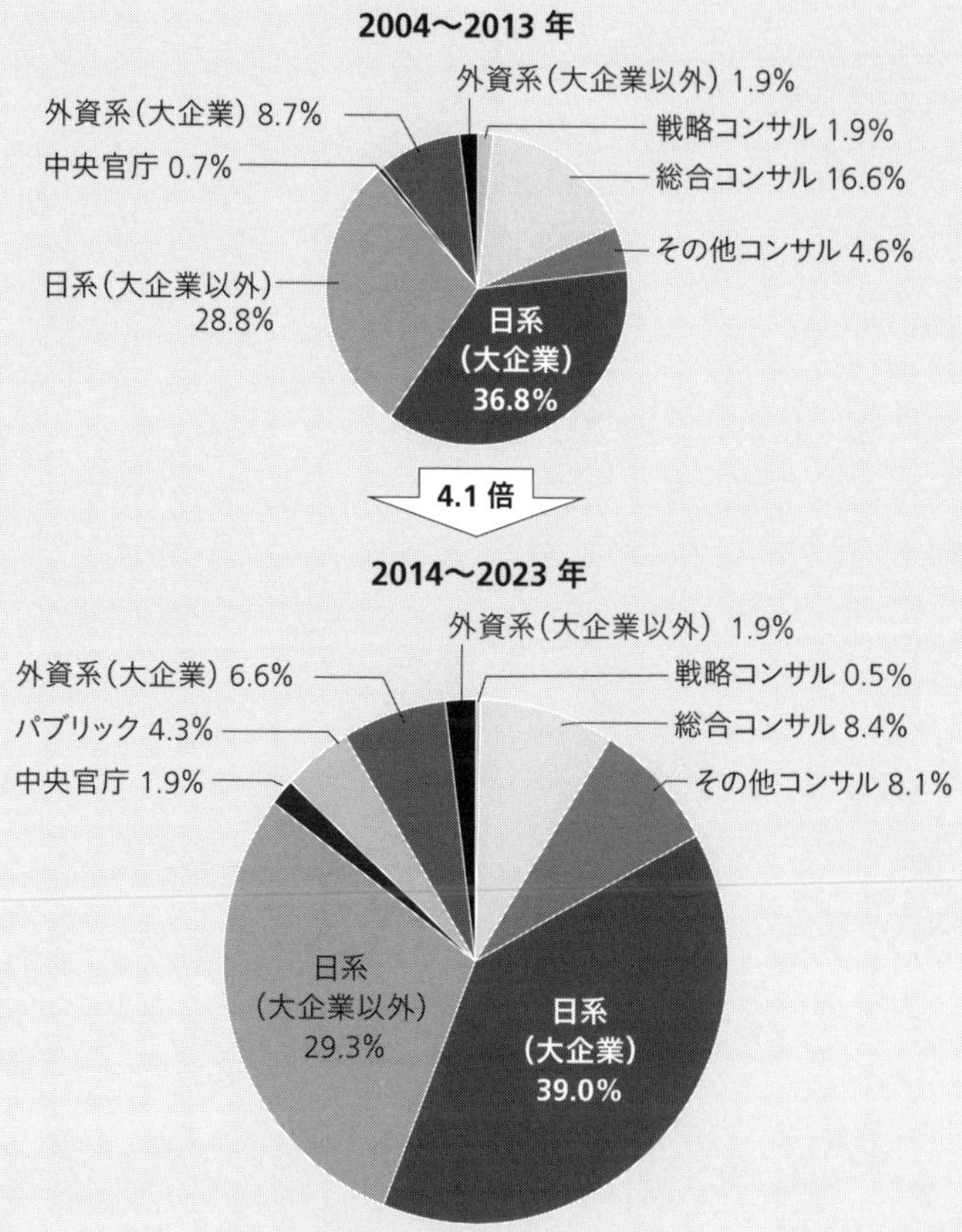

- **コンサル未経験者は、経験者の約５倍**
- **総合系ファーム出身者が低下したのは、経営戦略系や事業会社への転職が多いためと考えられる**

- **戦略コンサル**：いわゆる外資経営戦略系ファーム（ただし、同等のスキル・キャリアが得られる独立系ファームは含む）
- **総合コンサル**：いわゆる総合系ファームに加えて、同等のスキル・キャリアが得られるシンクタンク・独立系ファームも含む
- **大企業**：戦略ファームが採用し得るいわゆる大企業。代表的な大企業のグループ会社は個別判断。就職偏差値が高くファームのクライアント企業を含む。ゆえに会社の規模や資本金、上場有無だけでの分類ではない
- **パブリック**：官公庁（中央官庁以外）、自治体、学校、公益法人、NPO 法人、病院など公共性が高い組織
- **外資系**：海外発祥の企業、日本発祥で本社が海外の企業は含まない、日系企業の現地法人に直接就職は含む

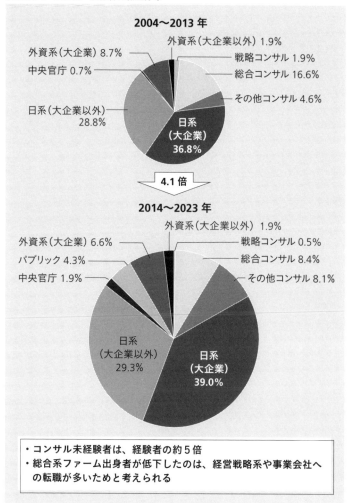

しかしこの「就職偏差値」についての傾向は、近年は少し変化してきています。優秀な新卒学生の就職先が以前ほど大企業に集中しておらず、スタートアップに就職する学生が増えているためです。もちろん大企業出身者は引き続き好んで採用しますが、スタートアップにいる人も十分可能性があります。

出身業界についても同様です。今ではかなり幅広い業界に対してコンサルティングを手掛けているファームが多いので、**ほとんどの業界出身者を採用**しています。製造、通信、ハイテク、メディア、ライフサイエンス・ヘルスケア、金融（銀行・証券・保険）、エネルギー、消費財、パブリック（官公庁・自治体）など、非常に幅広いです。

特に大手総合系ファームには、各業界にフォーカスしている部門があり、業界経験や知見を重視した採用を行っています。

性別

女性の採用は大幅に増加し「3～4割」

――「ハードワーク、男性社会」から脱却中

ハードワークで男性社会のイメージが強いコンサルティング業界ですが、状況は大きく変化しています。私は17年間この業界を見ていますが、**「昔と今では違う業界」**と思うくらい、全く様相が変わっています。

女性活躍推進法や働き方改革、ＳＤＧｓなどにより、女性の積極採用・登用は社会の大きな流れとなっていますが、コンサルティング業界はこれらの動きよりかなり早く、２０００年代から女性の採用に力を入れてきました。コンサルティングファームは外資系が多く、以前からダイバーシティ＆インクルージョンを掲げていたことや、アウトプット（成果）重視の仕事のため働く時間と場所の自由度が高いことなどが背景にあります。働き方改革が始まってからは、さらに女性の採用を本格化しており、直近女性を積極的に採用している

ファームでは、女性の採用割合は3〜4割以上にまで高まっています。

実際に、外資経営戦略系ファームや大手総合系ファームが未就学児の子育て中の女性を採用するケースも増えています。特に近年は経営環境が目まぐるしく変化しており、このような変化に起因した課題をクライアントが抱えることも少なくありません。コンサルティングファームは、技術の進歩や時代の変化にも柔軟に対応できるように、コンサルティングファーム自らがまず率先してこれらを取り入れ、検証し、クライアントに提供できるバリューを最大化しています。

また、こうした採用の傾向と併せて、**ワークライフバランス**にも力を入れています。若手コンサルタントの残業時間はしっかりと管理され、規定を超えた場合はマネージャー以上にアラートが出るようになっていたり、特に多忙なプロジェクトを終えたコンサルタントには一定期間の休みを取得させたりなどの取り組みがかなり進んでいます。

ただ、もちろんクライアントの経営課題を解決するという仕事上、無理をしなければならない状況も起こり得ます。プロジェクトによっては終始忙しかったり、中間報告や最終報告前には作業量が増えたり、あるいはプロジェクトが炎上してしまってその収拾のために深夜まで対応したりすることもあります。年収により高度プロフェッショナル制度を導入しているファームや、マネージャー以上になると、残業時間の規制からは外れることになります。

BCG採用実績女性割合（2013～2023年）

アクセンチュア採用実績女性割合（2004～2023年）

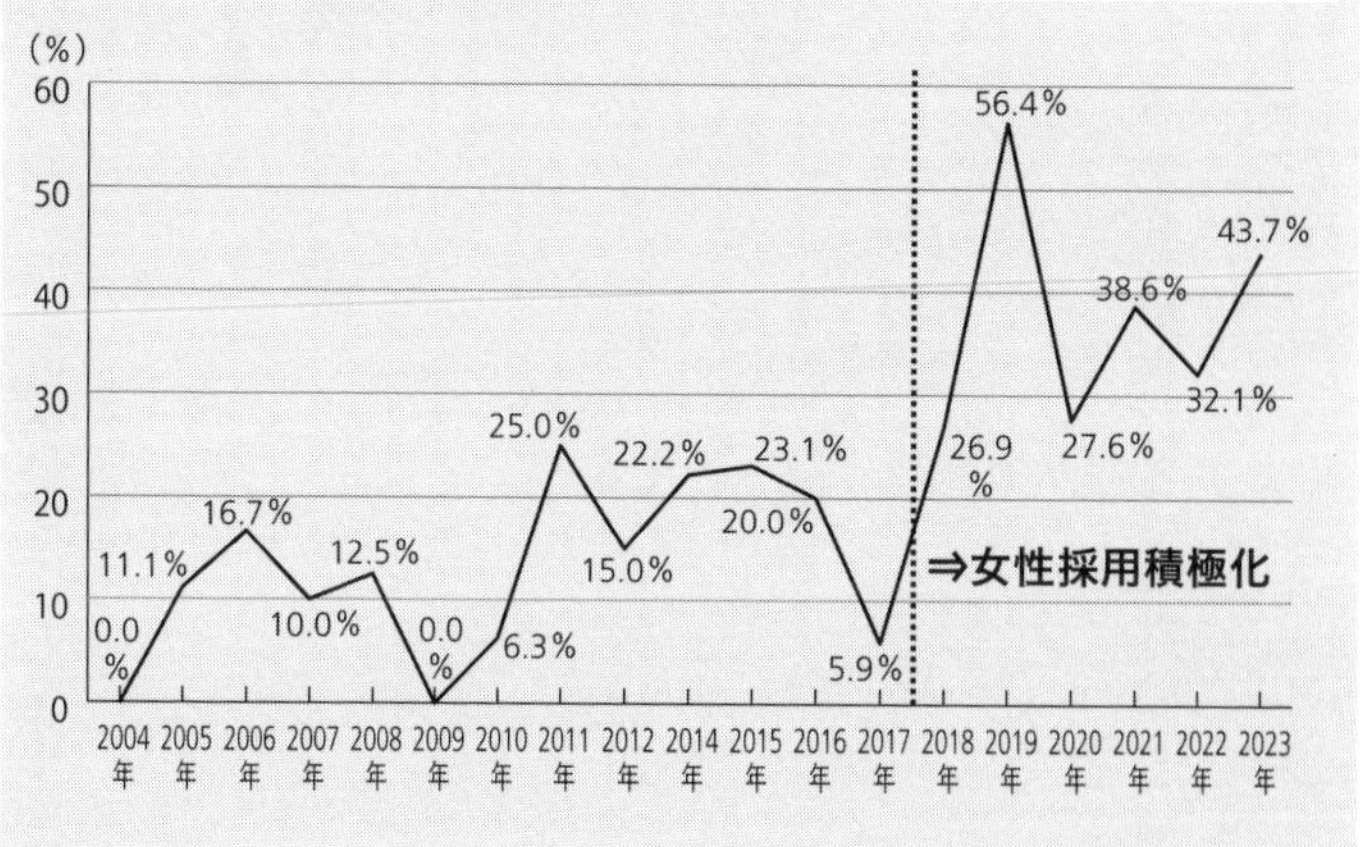

- **BCG、アクセンチュア共に、ムービン・ストラテジック・キャリアが支援した入社実績では、男女比が５：５に近づいている**
- **BCGでは2016年以降、アクセンチュアでは2017年以降特に女性採用を積極化した**

MBAはなくていい

——「資格なし」をコンプレックスに思うな

この資格を持っていれば必ずコンサルタントになれる、という資格はありません。何も資格を持っていなくても、面接でポテンシャルを示すことができれば採用されます。

結論としては以上なのですが、コンサルタント＝MBAホルダーのイメージがあるので、気になっている人も多いと思います。

そこで、多くの人から質問をもらう3つの資格について説明します。

MBA（経営学修士）：「MBAを持っているから採用される」はない

MBAは、コンサルタントと最も親和性が高い資格です。経営に必要な知識および思考力を一通り身につけている、と評価されます。MBAで得た知識や授業でのケーススタディなどでディスカッションして得た思考力などは、もちろんケース面接で活きますので、間接的には効果がある資格となります。

一方で、経営学はあくまで学問であり、学問とは、これまでの知識や事象を体系化したものですので、MBAを取得する＝コンサルティングができる、では決してありません。コンサルティングは、問題を論理的に解決する仕事ですから、体系化された知識や事象をもとに解決する方法とは大きく異なります。MBAを持っていることで一定の評価はされますが、「MBAを持っているから採用される」ということはありません。MBAを持っていても、必ずケース面接を行い、コンサルタントとしての問題解決力のポテンシャルを見られます。

公認会計士：財務会計領域のコンサルでは高い評価

公認会計士は、会計監査を行うために必要な資格です。会計監査とは、企業活動の結果である財務諸表の内容が正しいか、法令違反がないかを確認することです。そのため、企業活動の結果として既に出ている数字を確認することが主であり、現在もしくは未来に向けてやるべきことを提案するコンサルティングとは頭の使い方が異なります。

結論として、コンサルタントになるために公認会計士の資格を取得するのは、方向性がズレていることになります。

資格が直接的に役立つことがない一方で、持っていて損をすることはありません。コンサルティングを行う上では日頃から財務経理関連の数字を扱いますし、売上やコストなどのデータを分析することも多いです。「数字に強い」と期待され、このような分析作業を安心して任せてもらえます。面接においても、数値算定系ケースにて、高い評価を得る人が多いです。

また、財務会計領域のコンサルティングやM&A、FA（財務アドバイザリー）、事業再生などのコンサルティングにおいては、財務経理に関する知識や監査、財務経理業務に携わった経験が大変重宝されますので、公認会計士やUSCPAの有資格者は非常に高く評価されます。

中小企業診断士：学ぶ内容は参考になる

中小企業診断士は、中小企業の経営の診断および経営に関する助言を行う専門家で、経営コンサルタントとしての唯一の国家資格です。しかし、直接的に評価されて採用につながることはありません。

また、名前の通り「中小企業」を対象にしていますので、本書で扱っているコンサルティングとは解決する問題の内容や解決方法が異なります。

ただし、中小企業診断士の資格勉強で学ぶ内容はとても参考になります。この資格の科目である「企業経営管理」「運営管理」「経営情報システム」は、それぞれコンサルタントとして有しておくには申し分ないほどの内容になっています。特に、「企業経営管理」では大手コンサルティングファームを目指すにあたり知っておくといい経営用語や経営理論を網羅的に学ぶことができます（決して、オファーを得るためには必ず勉強しなければならない、というものではありません）。

英語は選考では見られない

——語学力より問題解決力

大手コンサルティングファームは外資系が多く、海外が絡むプロジェクトが多いので、コンサルタントとして英語に触れる機会はとても多いです。しかし中途採用においては、筆記試験や面接で語学力を確認するファームはとても少数です。あくまで現時点では「**英語が不得手でもコンサルタントになれる**」と覚えておいてください。

この理由は、「クライアントは日系企業なので、英語を使わないプロジェクトが多いから」です。海外進出や海外事業などのプロジェクトだったとしても、クライアントサイドは日本人であり、プロジェクトは主に日本語で進められることになります。クライアント側も、大企業であっても英語を苦手とするマネジメント層もまだまだ多いため、資料や社内の公用語が英語ということはほとんどありません。

ファームが英語力よりも重視するのは、「問題解決力のポテンシャル」です。コンサルティングファームが評価する問題解決力には、一定の学習力や地頭のよさも含まれますので、問題解決力がある人は英語を身につけることもできる、ともいえます。そのため、英語力よりも問題解決力のポテンシャルを重視した選考を行うことは、ファームにとって理にかなっています。


とはいえ、選考において高い英語力は当然プラス評価になります。また、英語ができたほうがコンサルタントとしての活躍の場が拡がることは間違いありません。英語が「必須ではない」のは事実ですが、英語が「必要ない」ということでは決してなく、入社後に英語力を高める必要はあります。また、日本企業が積極的に海外に進出し始めてからは、求職者の中に英語ができる人がどんどん増加しています。ライバルがこうした語学力を持つ人たちであることは、知っておいて損はないと思います。

なお、外国籍の求職者に対しては、ファーム側は「ビジネスレベルの日本語力」（読み・書き・会話ができる）を必須としています。

第3章

ソフト面は、面接で見られるポイントです。

コンサルタントの転職・就職はハード面のスペックで決まると思っている人が多いですが、実際のところ、ファームはソフト面をかなり重視しています。なぜなら、その後のコンサルタントとしての成長に大きく影響するからです。

本章では、コンサルタントの必須スキルである「インテレクチュアルスキル」と「インターパーソナルスキル」そして求められる「人物面・マインドセット」について、ファクトベースで詳しく説明します。

ファームに「入社できた人」の共通点

ソフト面

コンサルタントに必要な「インテレクチュアルスキル」とは何か

――ロジカルシンキング、洞察力、思考スピード

「インテレクチュアルスキル」という言葉を聞いたことはありますか？　コンサルティング業界やその採用のプロセスではよく使う言葉ですが、一般的にはあまり知られていないのではないかと思います。

「インテレクチュアル」は、そのまま訳すと「知的・知性的」という意味です。インテレクチュアルスキルとは、「(コンサルタントとして) 知性を感じさせるスキル」と定義できます。

私が求職者に、「コンサルタントには『インテレクチュアルスキル』が求められます」と

伝えると、ほとんどの人がロジカルシンキング、論理的思考力とイコールであると理解します。もちろんロジカルシンキングは、コンサルタントにとって極めて重要な必須スキルです。しかし、それだけでは十分ではありません。

私は「インテレクチュアルスキル」を「**自身の洞察力をもとに自分なりの意見や考えを作り出すこと**」と説明しています。

コンサルタントは、クライアントが「なるほど!」と膝を打つようなアウトプットや気づきを与えることが仕事です。誰かがいったことを流用したり、調べて見つけたことを伝えたりするだけでは、コンサルタントとしてのバリューはありません(もちろんナレッジトランスファー型やリサーチ型のコンサルティングの場合はこれらがそのままクライアントへの提供価値になります)。コンサルタントが、自ら得た情報や自身の洞察力をもって気づいたことなどのファクトをもとに、独自の意見や考えを論理的に作り出し、その結論がクライアントにとって意味のあるものだった場合、とてつもないバリューを生み出すことになります。これが、コンサルタントとしての「インテレクチュアルスキル」です。

言葉にするとシンプルですが、実践するとなると、もちろん生半可なことではありません。このようなバリューを出せるようになるまでには、地道な修業・訓練を重ねていく必要があります。もちろん、面接の中で実際のコンサルタントと同等のレベルを求められることはありませんが、少なくともその片鱗を感じさせる必要はあります。そのため、まずは「インテレクチュアルスキル」を理解し、面接の中で発揮できるようにしないといけません。

インテレクチュアルスキルは、次の3つに要素分解できます。

①ファクトベースかつ論理的である（ロジカルシンキング）
②独自の考えや切り口・視点がある（洞察力）
③考えて話し出すまでの時間が短い（思考スピード）

相手がコンサルタントでなくても、①論理的でわかりやすく納得感があり、②その人独自の目新しい考えが含まれていて、③しかもその論理展開が速い人の話を聞くと「おっ、いいこというなぁ」と感心しますよね。

この3つは、①→②→③の順に習得することができます。

まずは「ファクトベースかつ論理的に考えられる」ようになり、次に「独自の考えや切り

インテレクチュアルスキルの3要素

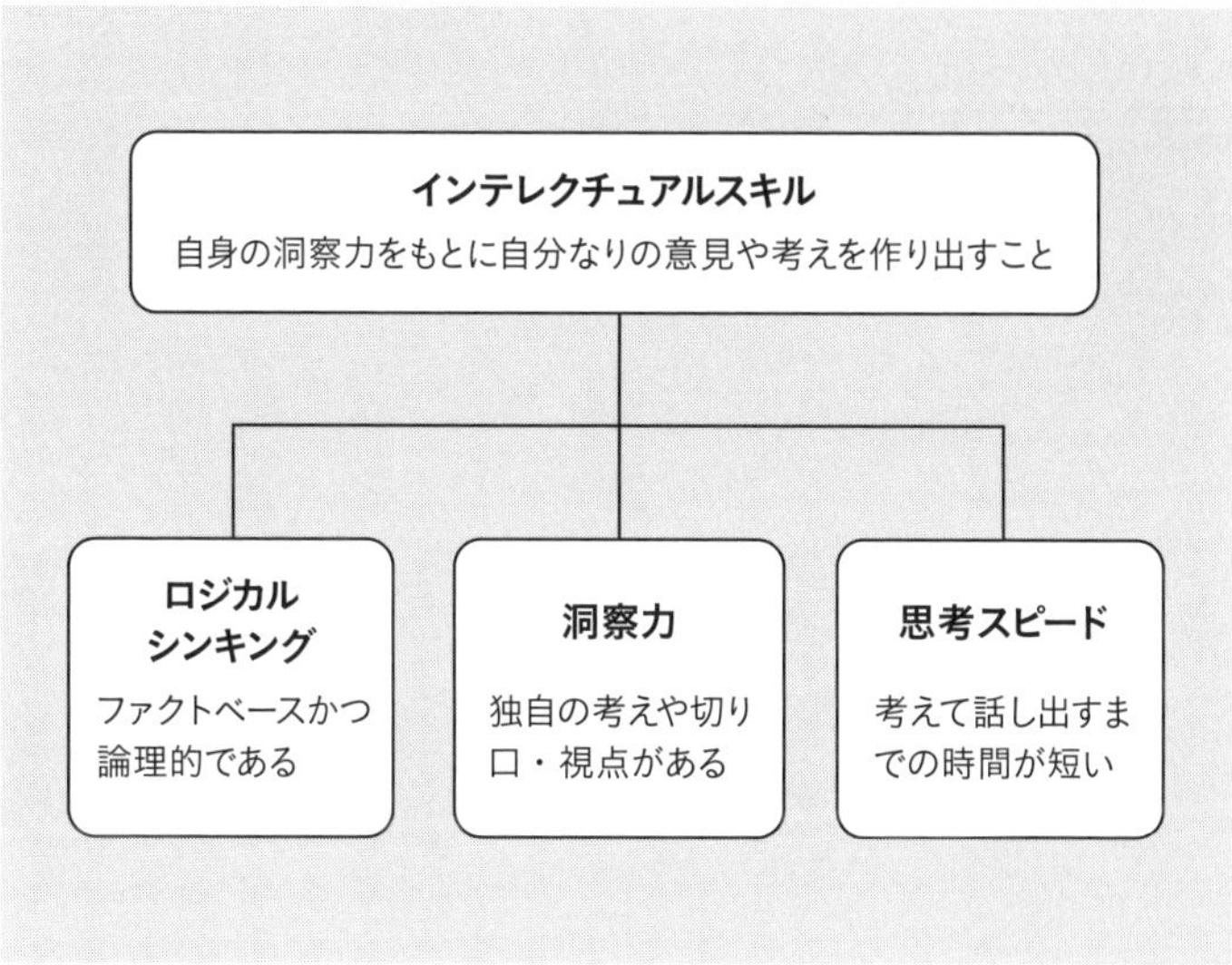

口・視点、自分なりの気づきを盛り込んで考えられる」ようになり、その後にこれらの考え方を繰り返し実践することで徐々に「考えるスピードが速く」なります。

ちなみに、「ロジカルシンキング」で導かれたファクトベースの結論は客観的ですが、個人の洞察力が含まれた「インテレクチュアルスキル」で導かれる結論には主観的な要素が含まれます。面接での「インテレクチュアルスキル」の評価は、面接官やファームによってばらつきが出るのはこのためです。

多くの情報を素早く処理できたことに知性を感じる面接官やファームがある一方で、限られた情報から独自の考えを作り出せることに知性を感じるファームもあります。あるいは豊富な業界や業務、ITに関する知見から解を見出すことを重視するファームもあります。一方の求職者の側も、人によって考え方の違いや思考の癖などがあります。選考を通して「インテレクチュアル（知性）を感じるポイント」がお互いにフィットするファームを探すことが重要です。

ロジカルシンキング

ファクトベースかつ論理的に結論を導き出す

――基本は分解（MECE）と構造化（ロジックツリー）

「ロジカルシンキング（論理的思考法）」とは、ファクトベースかつ論理的に結論を導き出すスキルです。コンサルタントにとって、基本かつ最も重要な考え方です。

ロジカルシンキングの考え方は、

- **分解**（**MECE**）
- **構造化**（**ロジックツリー**）

を基礎としています。

ＭＥＣＥとは、「Mutually Exclusive and Collectively Exhaustive」の頭文字を取ったワー

ドで、「モレなく、ダブりなく」という意味です。

ロジックツリーとは、問題、原因などの要素をツリー状に書き出し、論理的に構造化して整理する手法のことです。

コンサルタントはこの2つの思考ツールを使って、考えている内容をファクトベースで「分解」し、分解して出てきた要素を「構造化」して整理します。そして、考えている内容の「結論を導き出し」ます。この分解と構造化、結論の導出は、全て論理的に行います。このプロセスが自然にできるようになれば、ロジカルシンキングを習得したといえます。

ロジカルシンキングの分解と構造化でロジックツリーを構築する過程では、自分に「問い」を投げかける（自問する）ことになりますが、投げかける問いは3種類あります。

・なぜ？：下方向に考える（原因・理由・具体化）
・他には？：横方向に考える（幅出し）
・そもそも？：上方向に考える（グループ化・結論の抽出・抽象化）

この3つの問いを自分に投げかけながら、**いかにして「（思考の）深さと幅」のあるロジッ**

思考の深さと幅こそがコンサルタントの真価

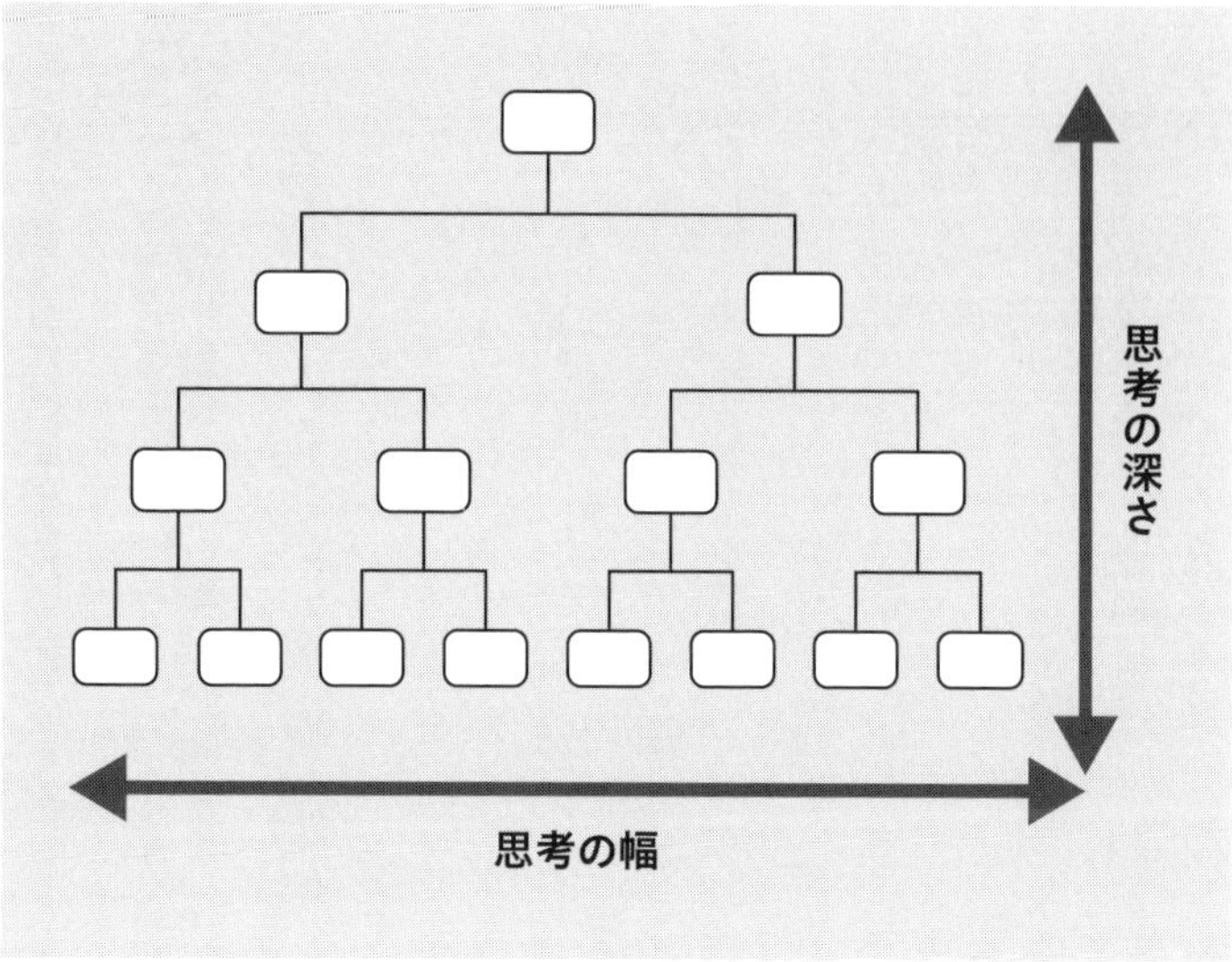

クツリーを作ることができるかがコンサルタントの力量になります。はじめはなかなか難しく、コツを掴むのに時間がかかりますが、慣れてくるとかなり大きなロジックツリーを作ることができる（思考の深さと幅を出すことができる）ようになります。また、必ずしもロジックツリーはひとつである必要はないので、複数のロジックツリーが同時にできるようにもなります。

　ここまでできるようになればもう十分ですが、「これで終わりでいいか」と思考を止めず（止められず）、エンドレスに自問し続けて思考を拡げていくと、次のステップにつながります。

独自の考えや切り口・視点が出せる

——自分に問いを投げ続ける習慣がカギ

「洞察力」は前項の「ロジカルシンキング」の習得にしっかりと取り組んだ先に、身につけることができるスキルです。コンサル業界では、「インサイト」とも呼ばれます。**この力が身につくと、独自の考えや切り口・視点を盛り込んで考えられる**ようになります。

ロジカルシンキングの分解と構造化、結論を導き出す時に、思考を掘り下げたり拡げたり抽象化したりする過程で、徐々に独自の考えや切り口・視点、自分なりの気づきが出せるようになってきます。

「洞察力」を身につけるためには、その前に「観察力」が必要です。

ロジカルシンキングで自分に問いを投げかけていると、「自然に自分で考える習慣」が身についてきます。これまでは目にしてもスルーしていたことが、なぜか気になって目に留まり「つい観察してしまう」のです。これが「観察力」です。あなたの周りにも、たまに「目のつけ所が違うな……」とか「よくそこまで見てるな……」と感心させられる人がいると思います。「観察力」がある人は、普通と異なるインプットをしています。

観察力が養われると、次のような行動をするようになります。

・目に留まったモノを「ついロジカルに考えてしまう」
・考えた内容を「ついロジックツリーで整理してしまう」
・集まったファクトから「つい自分なりの結論を出してしまう」

こうして、日頃のインプットが変わっていきます。また、一度自分でロジカルに考えた内容は、頭の中にストックされ、インプットと思考が変わったことで、考える上で必要となる「ファクト」が増えていきます。ファクトが増えると自分なりの考えを作りやすくなり、結果として、自分なりの考えや結論に「独自の考えや切り口・視点」が含まれてくるようになるのです。これが「洞察力」です。このサイクルを繰り返し行うことで、観察力と洞察力はさらに養われ、色々と想像力を働かせて自分なりの考えを作り出せるようになります。

ここまでくるとロジカルシンキングはかなりのレベルで習得できており、自分が納得できる（腑に落ちた）独自の結論を出せるようになっています。

経営戦略領域のコンサルタントには、極めて高いインテレクチュアルスキルが求められますので、ロジカルシンキングだけでなく洞察力までしっかりと習得する必要があります。一方、業務・ＩＴ領域のコンサルタントは、ロジカルシンキングを習得するだけでも対応できます。

思考スピード

速さは求めるものではなく結果として得るもの

——ロジカルシンキングと洞察力の副産物

「思考スピード」も、インテレクチュアルスキルの一要素です。**同じ内容をアウトプットするなら、質問から回答するまでの時間が短いほうが価値があります。**

しかし、他の2つと異なり「思考スピードを上げるためにすべきこと」は何もありません。むしろ、意識しすぎはかえって逆効果です。非論理的で何も独自性のない内容をただただ速くアウトプットされても、知性を感じさせる要素は全くありません。

思考スピードは、ロジカルシンキングと洞察力を習得する過程で自然と備わってきます。いわば、他の2つのスキルの副産物なのです。

洞察力を身につけた段階で、ロジカルシンキングはかなりのレベルになっています。さらに洞察力を磨くと、ストックされたファクトも増え、ファクトが増えると考えやすくなる……といういいサイクルができます。この思考訓練を繰り返すことで、結果的に思考スピードが上がっていきます。

なお、この循環を続けた先に到達できる極みが「仮説思考」です。

仮説思考は、いわば名人の寿司職人がする「魚の目利き」のようなものです。名人であれば、魚を見て「目の色」「ウロコの新鮮さ」というような細かいファクトをいちいち検討せずに、パッと見ただけで「この魚がいい」「こうさばく」と決断しますよね。

仮説思考を身につけたコンサルタントも同じです。思考スピードが究極になったパートナークラスになると、経営陣の悩みを聞いてすぐに、その解決の方向性や打ち手が頭に浮かんでくるようになります。

インテレクチュアルスキルの構造と習得方法

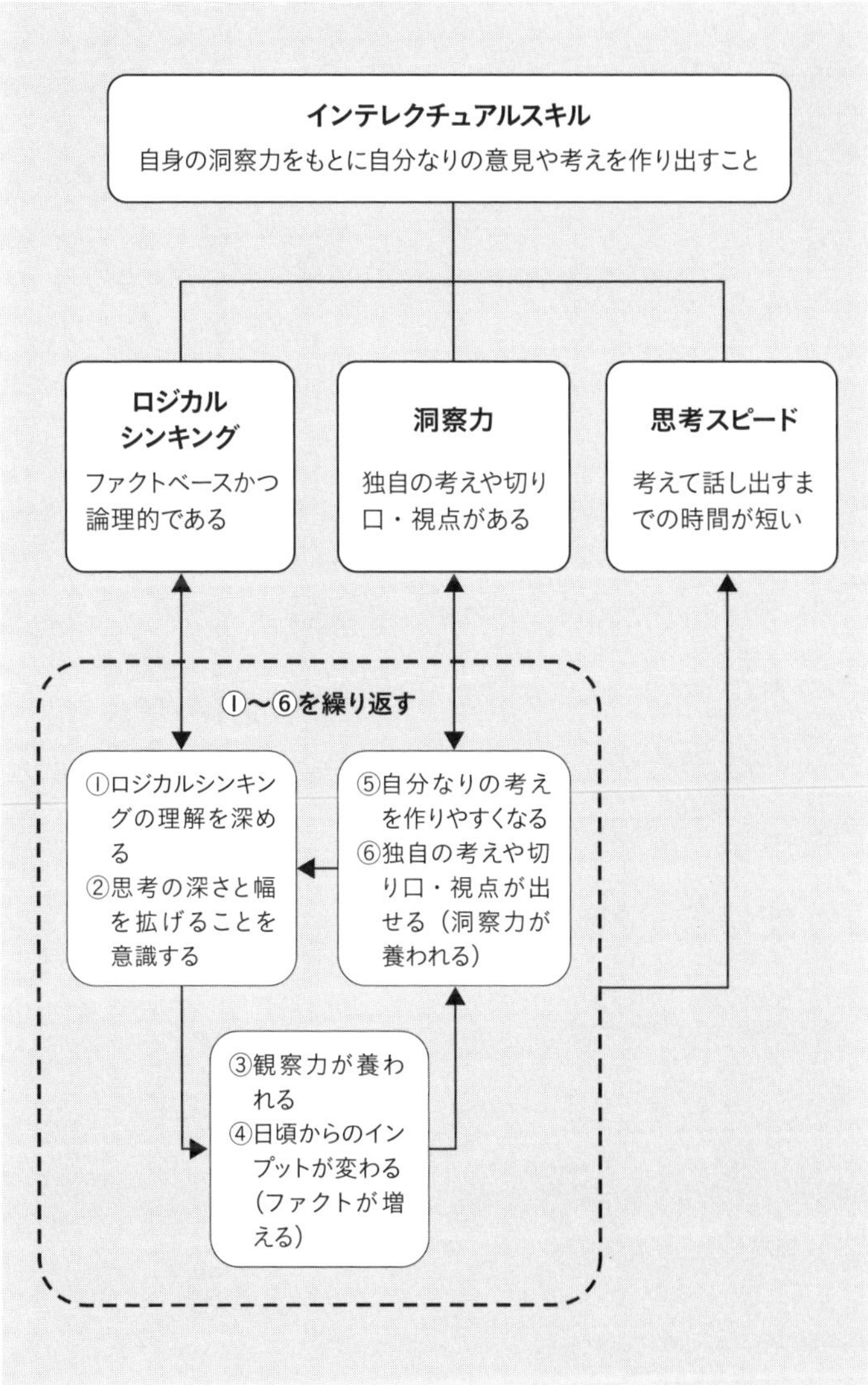

コンサルタントに必要な「インターパーソナルスキル」とは何か

――コミュニケーションスキル、リーダーシップ、チームワーク

「インターパーソナルスキル」とは、「対人関係構築力」のことです。

コンサルティングファームの面接において、このインターパーソナルスキルの評価が「著しく低い人」はほとんどいません。多くの人が「社会人として必要なレベル」には到達しています。

しかし、コンサルタントの対人関係構築力は、そこからさらにプラスアルファが求められます。

コンサルタントの仕事では、例えばクライアントやプロジェクトメンバーに方向性を示し

導くような場面や、共にひとつの目標へ向けて一致団結して取り組む場面も多いです。さらに、マネジメント層など普段はあまり接点がない相手とも、物怖じせずにやり取りしなくてはいけません。単に、円滑にコミュニケーションが取れればいいわけではないのです。

コンサルタントらしい振る舞いを求められるという点で、インテレクチュアルスキルと並んでインターパーソナルスキルもとても重視されます。

コンサルタントとしてのインターパーソナルスキルは、次の3つに分けられます。

①コンサルタントとしてのコミュニケーションスキル
②コンサルタントとしてのリーダーシップ
③コンサルタントとしてのチームワーク

3つのスキルに「コンサルタントとしての」とあえてつけたのは、一般的なコミュニケーションスキル、一般的なリーダーシップ、一般的なチームワークと違う部分があるからです。どこが違うのか、その差分に注目することで、身につけるべきスキルがよりわかりやすく見えてきます。

結論を先に、クイックに、物怖じせず

――「最低限のマナー」は必須であることを忘れずに

「コンサルタントとしてのコミュニケーションスキル」とは何か。

私は普段求職者に対して、次の3つが大切だと説明しています。これらは面接で見られるのはもちろん、現役のコンサルタントになってからの仕事上のコミュニケーションにおいても、とても大切です。

・ロジック：論理的かつ簡潔に結論から話す

繰り返しますが、コンサルタントに最も求められるのは論理的であることです。コミュニケーションにおいても「ロジック」があることは必須です。コンサルタントの基本的かつ重要な考え方であるロジカルシンキングを意識して、自身の考えを論理的に伝える必要があります。

ロジカルシンキングでは、考えた結論（一番伝えたいこと）がロジックツリーの一番上にきます。まずは「結論」から話し、必要であれば次に結論の下にぶらさがっている「理由・根拠」を付け加えます。これだけでかなりコンサルタントっぽくなります。

慣れないうちはとても難しいですが、常日頃から思考を構造化し、ロジックツリーを意識して考えるようにすれば、徐々に慣れていきます。

・クイックレスポンス：可能な限り早く応答する

ロジカルシンキングをベースにしたコミュニケーションに慣れてくると、自分の考えを素早く構造化できるようになります。結果、相手から聞かれたことに対して「結論は何か」をすぐに答えられるようになります。

・物怖じしない：伝えるべきことはしっかりと話す

20代・30代でコンサルティングファームに入社すると、クライアントのほとんどは自分よりも年上の人たちばかりです。経営陣やマネジメント層など、役職が遥かに上の人を相手に話すことも多くあります。彼ら、彼女たちは威圧感や、独特の雰囲気をまとっています。さらに、クライアント企業の現場の人たちの中には、一癖も二癖もあるキーパーソンがいたりします。

こうした「猛者たち」に対して「物怖じしてしまい自分の考えを伝えられませんでした……」ということでは、コンサルタントとして仕事にならないですよね。コンサルタントであれば、相手がどのような人であっても（もちろん伝え方やタイミングは配慮しますが）、自分が伝えるべきことを物怖じせず話せないといけません。

3つのポイントを紹介してきましたが、ここに書いたことは、コンサルタントである以前に人としてのマナーができていることが前提です。

「誠実さ（クライアントファースト）」の項目でも触れますが、コンサルティングはあくまで「お客様商売」です。今の時代は特に、「上から目線」や「横柄な態度」は誰からも敬遠されます。

- 話すときは目を合わせる
- 相手が話していたら聞き役に回る
- 間《ま》を意識して相手の話を引き出す

などの本当に常識的なことは必須だと考えてください。

コンサルタントの中には「コミュニケーションはあまり得意ではないが、インテレクチュアルスキルでカバーする」というタイプの人ももちろんいます。しかしこのような人はあくまで例外的だと考え、基本はおさえておいたほうがいいです。

リーダーシップ

「人の上に立つ」ことではない

――メンバー全員がリーダー。当事者意識を持って主体的に動く

「リーダーシップ」はマッキンゼーが特に重視していることで有名なコンピテンシー（行動特性・能力）です。リーダーシップを扱った多くの専門書がありますが、ここでは一般論ではなく、コンサルタントに必要なリーダーシップについてお伝えします。

前提として、**コンサルタントのリーダーシップとは、組織のトップが発揮すべきいわゆる「人の上に立つリーダーシップ」とは異なります。**

コンサルタントの「仕事の進め方」を理解すると、コンサルタントとしてのリーダーシップがどのようなものかが見えてきます。

コンサルティングはプロジェクトベースで行われ、プロジェクトメンバーには役職に応じて異なる役割があります。また、プロジェクトでは定期的にクライアントとのミーティング

やプロジェクト内でのミーティングが行われ、現時点での成果を確認したり、今後の方向性を明確にしたり、課題や具体的な作業内容を確認・共有したりします。このようなミーティングには原則としてメンバー全員が出席し、若手アナリストであっても自分の考えや意見を発言することが求められます。

こうしたプロジェクトでは「上司のパートナーやプロジェクトマネージャーが決めて、トップダウンで他メンバーに指示だけが来る」ということはありません。アナリストであっても当事者意識を持ってミーティングに参加し、自分が担当しているパートはもちろん、プロジェクト全体にも主体的に取り組むことが求められます。

つまり、コンサルタントのリーダーシップとは、プロジェクトの成功というゴールに向けて発揮されるものです。

各々のコンサルタントが、

・与えられたタスクに責任を持ち
・プロジェクトメンバー、クライアントに対して積極的に発言し
・やるべきことを主体的かつ積極的に推し進めていく

「プロアクティブ（積極的・先見的）」な行動のことを指します。

ランクにかかわらず、全てのコンサルタントがリーダーなのです。

コンサルは「個の時代」から「チームワークの時代」へ

——プロジェクト内にとどまらずファーム内でも重要

コンサルティング業界にはかつて「個」の力が注目された時代がありましたが、最近は大きく変わってきています。求職者は「周りの人と協働できる人かどうか」を厳しく見られるようになってきているのです。

システム開発や商品開発などのプロジェクトベースの仕事をしたことがある人なら理解できると思いますが、コンサルティングという仕事は決して一人でできるものではありません。「プロジェクトメンバーとのチームワーク」が必須となります。一人では到底解決できないようなプロジェクトを、プロジェクトメンバー間で協働し、お互いの足りないところを補い合い、考えや意見をぶつけ合って化学反応を起こし解決の糸口を見つける……プロジェクトの成功はチームワークのよし悪しで決まるといっても過言ではありません。

さらには、プロジェクトの範疇を超えた「ファームとしてのチームワーク」もあります。近年のクライアントが抱える経営課題は非常に多岐にわたり、かつ複雑化しています。そのため、一人のコンサルタントが対応可能な領域にはどうしても限界があり、クライアントにベストプラクティスを提供するためには、ファーム内でのコラボレーションが必須となります。

こうしたクライアントの多様な問題解決に対応するため、コンサルティングファームは「多様性」を重視しており、様々なバックグラウンドやスキルを持ったメンバーで構成されています。多様性自体はとても重要ですが、それだけで価値は生まれません。ファームおよびプロジェクトにおいて、コンサルタントには自分の周りの多様なメンバーと仕事を共にするだけではなく、クライアントに新しい付加価値を提供できるような「チームワーク」が求められます。

面接では、どのようにチームワークを発揮するのかを確認するため、「周りの人と一緒に働いた経験」を聞かれます。「チームワーク」を発揮するにあたり、前述の「コミュニケーションスキル」と「リーダーシップ」も必要ですので、これらを含めた「インターパーソナルスキル」が総合的に重視されています。

コンサルタントに必要な「人物面・マインドセット」とは何か

――「頭がいい」だけの人は向いていない

「コンサルティングファームは、人物面やマインドセットを重視している」

この事実を伝えても、正直ピンとこない人が多いです。「コンサルタント＝地頭がよい」という印象が強いため、極端にいうと「頭さえよければコンサルタントになれる」というイメージが強いのかもしれません。しかし、これは大きな誤解です。

コンサルティングファームが人物面やマインドセットを重視する理由は、長年培ってきた採用と育成の経験から、「コンサルタントとして成長するために必要不可欠」と結論づけているからです。実際に（インテレクチュアルスキルのレベルが高かったとしても）人物面の評価が著しく低いことが理由で、採用が見送りになるケースもあります。ここでは、面接で評価されるポイントを、次の5つに分けて説明します。

人物面

①素直さ（アンラーニング）
②誠実さ（クライアントファースト）
③印象（清潔感、親近感）

マインドセット

④目標達成力（向上心、知的タフネス）
⑤知的好奇心（アンテナが高い、興味関心が広い）

それぞれ決して先天的なものではなく、後天的に身につけられるものです。まずは日頃の意識や行動から変えていくことが重要です。

まさに「意識が変われば行動が変わる　行動が変われば習慣が変わる　習慣が変われば人格が変わる　人格が変われば運命が変わる　運命が変われば人生が変わる」という有名な言葉の通りです。

「素直さ」が実は一番見られている

——30代以降は過去の経験をいったん「捨てる」

人物面で一番見られているのは、実は「素直さ」です。ファームが「素直さ」を重視する一番の理由は、その人の成長スピードを測るためです。

「素直な人ほどよく伸びる」といいますが、コンサルタントも例外ではありません。コンサルタントは、前述した通り未経験採用が基本です。ほぼゼロからコンサルティングスキルを習得していくので、その過程で多くの人から色々な指摘やアドバイスを受けます。これらを取り入れて、**一人前に成長できるかどうかを分ける一番大きな要因が「素直さ」**なのです。

コンサルタントに求められるのは、あくまでクライアントが納得するアウトプットです。いくら自分が正しいと思っていようが、いくら時間をかけていようが、クライアントやレビュアーが「これは違う」とみなしたら、そのアウトプットに価値はありません。

素直な人は、受けた指摘やアドバイスを取り入れて、即行動に移します。するとすぐにその結果が出ますから、指摘されたところが直っているのかどうかを素早く検証できます。もし直っていなかったとしても、さらなるアドバイスがきますので、また即行動に移して検証ができます。こうした高速サイクルを回せるかが、成長のカギとなります。結果的に、「素直な人ほど成長が速い」わけです。

ここまで読んで「そうだよね」と納得してくれる人がほとんどだと思うのですが「言うは易し、行うは難し」です。私が17年間見てきて、ある程度社会人経験を積んで、業務において成果を出し、自信を持っている人ほど、アドバイスに対して素直ではない反応をしてしまいます。何かを指摘されると、つい反論してしまうのです。

これは面接でも見られています。

面接官から「こういう考え方もあるのでは?」と指摘されたとき**「いや、自分はそうは思わないです」と脊髄反射的に反論するのか、あるいは「確かにおっしゃる通りです」と一度受け止められるのかはとても重要なポイント**です。

もちろん、素直さは年齢だけで決まるわけではありませんが、30代以降は意識して「アンラーニング」をすることが必要です。ある程度の成功体験や自信を持っているなら、これらをいったん捨てて、コンサルタントとしてゼロから学ぶ気持ちでスタートしてみてください。

捨てるといっても、学び直しなので、過去の経験がなくなるわけではありません。いったんそれを置いてアンラーニングすると、その後の伸び代が増えます。

アンラーニングの段階を乗り越えてコンサルティングスキルを得た暁には、改めてこれまでの経験や知識を活かすことができるようになるのです。アンラーニングできるかどうかも、「素直さ」がカギになります。

誠実さ

「クライアントファースト」はコンサルタントの基本

——「自分のために努力する人」は仕事を続けられない

プロジェクトの成否を決めるのは「顧客満足度」です。高い顧客満足度を得るためには、プロジェクトのアウトプットがクライアントの期待値を超えなければなりません。

クライアントは高額なコンサルティングフィーを払っているので、期待値は往々にして高いです。そして「あれもこれもそれも何でも解決してくれるはずだ！」と、期待値がうなぎ登りに上昇していきます。マネージャーやパートナーのうまいさばきで元々のスコープ（範囲）から明らかに外れた依頼は断ることができたとしても、現場では、要求を飲まざるを得ない場面もしばしばあります。

このような厳しい状況の中でコンサルタントに必要なのは、「誠実さ」そして「クライアントファースト」の精神です。言い換えると「何としてでもクライアントの期待値を超えよう」と、自分をストレッチして誠実に真摯に愚直に取り組むことができるかどうか、「クライアントに満足してもらうことが自分の喜びにつながり、その結果として自身の成長も実現できるはずだ」と本気で信じられるかどうかが大事になってきます。つまり、**利他的な人のほうが結果的に成果を出して、クライアントからの信頼を得ることができます。**

「いや、自分の成長を一番の目標にすれば、結果的にクライアントも満足させられるはずだ」という反論もあるでしょう。しかし、このような利己的な理由から努力するタイプの場合、ある程度までの目標を達成すると、満足してしまいます。また、自分で設定した目標ほど簡単に引き下げることができ、大きな喜びや成果につながりません。結果的に、自分のことを第一に考える人はあまり成長しない（大きくストレッチできない）、もしくは成長したとしても継続させることができない傾向にあります。

もちろん、「自分のため」だけに、そこからさらに高い目標を設定し直すことができる人、元々の目標を非常に高いところに設定し、それを達成する意志が強い人はまれに存在します。それはそれで、すごい才能です。しかし、コンサルティング業界がここまで大きくなった今、ファーム側はこのような「稀な」人たちだけで人員を賄うのは不可能だと考えています。

ゆえに、誠実にクライアントのために仕事に取り組み、クライアントの満足を自分の喜びに変えることができる人、クライアントファーストで行動することにやりがいを感じる人が、コンサルタントとしての適性が高いと見られます。

面接で過去のエピソードや職務経歴の話を聞くときも「クライアントのことを想像しながら仕事をしているか」をファーム側はチェックしています。

直接顧客と接する仕事をしている人は、これまでやってきたことを面接で話すだけでも、評価されやすいです。一方、研究開発や生産・製造現場など「クライアント、顧客と接したことがない仕事」の場合、与えられた仕事をただやっていた人は評価されません。仮に直接接していないとしても、最終的に商品を届ける顧客（エンドユーザー）をイメージできているかが問われます。

印象

「こんな若造に任せて大丈夫か」と思われないために

——清潔感、成熟感、親近感が大事

ファームの中途採用セミナーに参加して初めてコンサルタントに会った人から必ずもらう感想が、「意外と普通の人でした」「とても気さくで、身近な印象でした」というものです。

私自身、これまで多くのコンサルタントの方々と接してきましたが、ファームのパートナーも含め、いわゆる「偉そうな人」は一人も見たことがありません。頭の回転はずば抜けて速いですが、皆さん気さくな方ばかりです。

世間の「イメージ上のコンサルタント」と「実際のコンサルタント」とは大きなギャップがあるので、注意が必要です。「頭がキレキレで、やや上から目線で、一見近寄り難い人」

という勝手なイメージが一人歩きしていると感じます。

コンサルティングの仕事内容を正しく理解することで、どのような「印象」が求められているのかが、自ずと見えてきます。

・ギラギラより「清潔感」

コンサルタントは、いわゆる「お客様商売」です。第一印象で最も大事なのは、クライアントを不快にさせない「清潔感」です。決して高価なスーツやアクセサリーを身に着ける必要はなく、サイズが合っていてきちんとクリーニングに出していれば十分です。見るからにギラギラした派手な身なりをする必要はありません。

・若々しさより「成熟感（マチュア）」

コンサルタントがプロジェクトで会う人々は、マネジメント層から現場の社員までとても幅広いです。マネジメント層から見ればコンサルタントは若く見えるので（実際に自分の子どもより年下だったりもします）、「こんな若造に経営についてのアドバイスを任せて大丈夫なのか……?」と思われないことが大事です。つまり、落ち着いた、成熟感のある（マチュアな）立ち振る舞いが求められます。

・上から目線より「親近感」

営業や工場などの現場社員の中には、コンサルタントが現場の情報収集にやってくると聞くと身構えたり、さらには敵対心まで持っていたりする人もいます。まずはこのような相手の警戒心を解いて懐に入らないと、現場の真の状況や本音などの得たい情報が得られずに終わってしまうこともあります。壁を感じさせない「親近感」が大事なのです。

安心感を与える立ち振る舞いや、相手の懐に入るような親近感やコミュニケーションは、これまでの経験が最も影響します。全く意識してこなかった人には一朝一夕で身につけるのは難しいものではありますが、今後の意識と経験でカバーすることは十分可能です。

目標達成のために必要な「向上心」と「知的タフネス」

——安易にまとめに入らず、粘り続けられるか

繰り返しになりますが、コンサルタントはクライアントの期待値を超えたアプトプットを出さなければなりません。クライアントの期待値は高いところにあるので、この高い期待値を何としても超える、達成するためにはどうすべきかを考え抜く力が必要になります。「目標達成力」です。

「目標達成力」は営業マンやスポーツ選手など、あらゆる職業で必要とされるケイパビリティ（能力）です。目標を期限内に達成するために、必要なタスクと期日を洗い出し、途中の指標（ＫＰＩ）を設定し、進捗を管理しながら達成を目指します。目標達成のための計画

力や、一つひとつのタスクを必ずやり遂げる意志の強さや実行力が「目標達成力」には必要となります。その上で、「コンサルタント特有の」必要な要素は、次の2つになります。

・向上心

コンサルタントは、一度結果を出すだけではなく、プロジェクトやタスクのたびに高い目標を達成することが求められる仕事です。そのため、目標を達成しようとする意欲の源である「向上心」が欠かせません。

厳しい場面で「これでいいか」とすぐにあきらめてしまう人はそもそもあまり向いていないと判断されます。向上心がない限り、次で説明する「知的タフネス」も発揮されることはないからです。

・知的タフネス

プロジェクトでは、納得のいくアウトプットが出るまで何度でも考え抜く「知的タフネス」が必要となります。

一度「これでいいか」と思ったところから、「いや、まだもっといい内容にできるはずだ」と真に納得できる（腑に落ちる）まで考え抜けるかどうか、安易にまとめに入らず、粘り続けられるかどうか。これがクライアントにバリューを提供できるか否かの重要な要素となります。

この「知的タフネス」はハードワークや忙しさといった「肉体的タフネス」では決してありません。確かに、結果的に忙しくなり肉体的なタフネスが必要になることもありますが、コンサルタントの勝負所は「体力」ではなく、あくまで「思考力」です。

知的好奇心

「全く知らないのが来た！　やるぞ！」と思えるか

――コンサルの興味関心は「ひとつに深く」より「広く、高く」

コンサルタントは、プロジェクトの度にクライアントやテーマが変わります。最近は、実行支援やPMOなどの長期プロジェクトや、業界もしくは業務の高い専門性を有するコンサルタントが同じ業界やテーマのプロジェクトに従事することが増えましたが、それでもコンサルタントであるならば、これまでとは異なるクライアントやテーマのプロジェクトにアサインされることがあります。

これまでに経験したことがない業界やテーマを扱うわけですから、新しく本を何冊も読んだりWEBサイトを見て回ったりして、一日も早くキャッチアップすることが必要になります。このような状況に対して、どのような反応ができるかが、コンサルタントとして問われます。

「うわっ、全く知らないのが来た……やらなきゃ……」というマインドでは結果を出せないですし、何よりも仕事を楽しむことができません。むしろ「お！　全く知らないのが来た！やるぞ！」という前向きなマインドでないと、コンサルタントという仕事を楽しむことはできません。逆に、楽しむことができれば、得てして成果も出るものです。これが、コンサルタントに求められる「知的好奇心」です。

一般的な「知的好奇心」は、ある物事に興味関心を持ったら、「それをもっと深く知りたい」と思う気持ちのことを指しますが、**コンサルタントの場合はこれに加えて「興味関心が広い」ことも必要**になります。

プロジェクトによってクライアントやテーマが変わりますので、プロジェクト中はそのクライアントの業界や会社、クライアントが抱えている問題の領域やテーマについて「もっと知りたい」という知的好奇心を働かせますが、プロジェクトが変わればまた別のクライアントやテーマに対して同様に「もっと知りたい」と思わないといけません。ずっとひとつのことに対して抱き続ける知的好奇心ではなく、他にも興味関心を持つ「広さ」が必要になります。

これは決して「良し悪し」ではありません。人によっては、ただひとつの物事に対してのみ知的好奇心を抱き、それを徹底的に調べて理解して「知る」ことが好きなタイプももちろんいます。学者や研究者に多いタイプで、本書で扱っているコンサルタントとは別のものになります（「エキスパティーズ（Expertise）」として、コンサルタントが専門的な助言や見解を得るためにインタビューをしたりします）。

「興味関心が広い」のに加え「アンテナが高い」となおよいです。一般的に「アンテナが高い」というと、色々な幅広いことをたくさん知っている人を指しますが、コンサルタントの場合は、**「何気なく見ただけの情報をしっかりとインプットし自在に使える」**あるいは**「ほとんどの人が知ってはいるが認識まではできていないような情報を自在に使える」**ことが求められます。

こうした知的好奇心の広さ、アンテナの高さは、第4章、第5章で紹介するケース面接でも見られています。

考える対象やお題に対して、「そういえば少し前にニュースでこういう記事を見ました」とか「この前行ったお店でこのようなことがありました」と記憶をつなげられる人は、コンサルタント的なものの見方ができています。おそらくその時はそれほど気には留めておらず、「ただ見ただけ」「ただ行っただけ」のはずなのに、いざ考え出した時に記憶の中から引っ張り出し、根拠となるファクトとして使えるかが重要なのです。

ケースの結論を出した後に、結論の根拠としているファクトを改めて見てみると、意外なことに世の中の大抵の人が知っていることだけで成り立っていることもよくあります（ケース面接で扱う対象は基本的に一般消費財などの誰でも知っている商品やサービスなので、専門的な知識は不要です）。

これも一見難しいと思うかもしれませんが、私の経験上はただの「慣れ」だと思います。ケース対策を含めた色々なやり取りの中で、「アンテナを高くする」という「気づき」を得た人は、その後の日常からのインプットが変わります。

インプットが変われば「洞察力」が養われ、さらに色々な情報がインプットされてきます。そうすると、もっと知りたいという「知的好奇心」が出てきて、さらに深く調べたり考えたりするようになり、自然と「興味関心が広く」なります。

第4章

オファーを獲得するために、どのような準備、対策を行うべきか。
この章では、転職活動の全体像を大きく７つのプロセスに分けて詳しく説明します。
まずはコンサルへの転職・就職活動における勘違いを正してもらいたいと思います。

第一志望
「内定まで」の
全戦略

マッキンゼーに受かる人が全てのファームに受かるわけではない
――コンサル転職・就職活動の「勘違い」を正そう

受かるための戦略を紹介する前に、「コンサルティングファームに入社したい」と思っている人がしてしまっている「勘違い」に触れておきます。こちらは、コンサルティング業界について、情報収集を始めた人ほど陥りやすいものです。

勘違い① ファームの転職・就職活動を「受験勉強と同じ」と捉えている

最初にぜひ知って欲しいのが「カルチャーフィット」の重要性についてです。

経営戦略系、総合系問わず、**ファームの「難易度」は決して大学受験の偏差値ピラミッド**

「偏差値ピラミッド」より「カルチャーフィット」

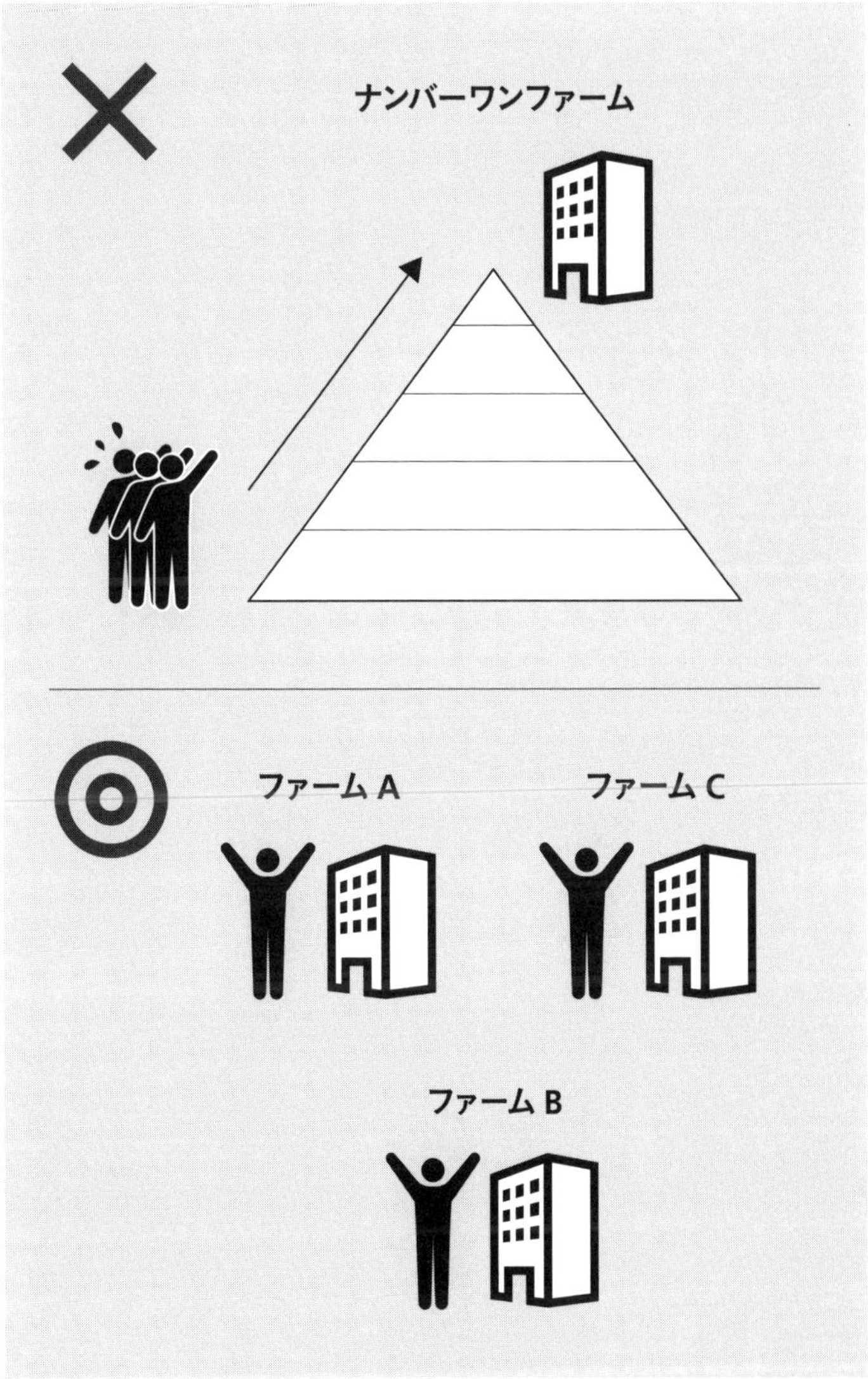

のようなものではありません。

ピラミッド的な考え方だと「マッキンゼーの難易度が一番高く、マッキンゼーに受かる人は他社も全部受かる」と思いがちですが、実際には「マッキンゼーにしか受からなかった」という人が多いのが実状です。これは、各ファームがカルチャーフィットもしっかりと見ていることが理由かと思います。フィット感がない場合は、スキルがある程度評価できても採用を見送ったり、評価が低くなるような採用基準になっていたりします。

特に、「Top-tier（トップティア）」と呼ばれるマッキンゼー・アンド・カンパニー、ボストン コンサルティング グループ、ベイン・アンド・カンパニーは紛れもないグローバルエクセレントカンパニーですから、この3社が持つカルチャーは極めて強固で「三社三様」です。この3社全てからオファーを得た人は、私の17年の経験の中でも数人しか見たことがありません。他のファームにも、それぞれカルチャーや企業カラーがあります。商社や広告代理店、メガバンクのように、「同じ業界でもカルチャーや企業カラーが全く違う」というのと同様です。

ここで大事なことは「偏差値的な考えで志望度を決めない」ことです。なぜなら「自分が行きたいファームが自分に合っているファームとは限らない」からです。実際、あるファームではうまくパフォームできなかった人が、ファームが変わるだけで水を得た魚のようにハイパフォーマーになった、という例を数多く見てきました。

多くの人が大学受験を経験しているため「偏差値的に考えてしまう」ことは理解できます。しかし、「転職の目的はファームに入社することではなく、コンサルタントとしてパフォームすること」です。「オファーを獲得したファームが自分にフィットしている」と考える人が、最終的にうまくいきます。

「自分が行きたいファームから是が非でもオファーを獲得する」と考えるのではなく、「オファーを獲得したファームが自分にフィットしている」と考えるようにしてください。

勘違い② 面接で「ケース対策だけが重要だ」と思っている

次に知って欲しいのが「ケース対策『以外』の重要性」についてです。

コンサルティングファームと一般企業との一番の違いは、「ケース面接（あるお題を出され、それについて自分の考えを述べるコンサルティングファーム特有の質疑応答）」があることです。それゆえ、ある程度ファームのことを調べた求職者と話していると、真っ先に「ケース対策」について聞かれることが多いです。たくさんの対策本が世に出回っており、有料でケース対策を行うサービスまであったりしますので、「もう何が何でもケース対策」となってしまう人が多いのもわかります。

しかし、「ケース対策だけをすれば受かる」と考えるのは、明らかな勘違いです。むしろケース対策「以外」にも目を向けることこそが、コンサルタントへの転職を成功させるポイントなのです。

つまり、ケース対策と同様「通常質問対策」もとても重要で、**それぞれの重要性は全く同じ5：5**と考えてください。

その理由は、ファームが本質的に見ているのは「コンサルタント的な考え方ができるか」だからです。

勘違い③ 「業界研究を入念にしよう」と思っている

この本を読んでくれているあなたは、真面目で熱心な方だと思います。ファームを受ける前に、入念な業界研究をしようと考えているかもしれません。「事前の業界研究」は一般企業への転職・就職活動ならとても大事なことなのですが、コンサルティングファームについては当てはまりません。

コンサルティング業界への転職活動の場合は特に「実際に活動を始めてみる」ことがとても大事です。その一番の理由は「**転職活動自体が、業界研究になるから**」です。

一般的な転職では、独力であってもある程度の見通しを立ててから転職活動を始めることができます。一方で、コンサルタントへの転職では、外部に出ている情報が少なく、いくらパソコンに向かって調べても、なかなか理解が深まりません。結果「転職できるだろうか」「自分には向いていないかも」と二の足を踏んでしまっている人も多いのが実状です。しかし、それはとてももったいないことです。転職活動を始めてみることこそが「自分がコンサルティング業界に向いているか」を見極めるために非常に重要なのです。

具体的には、書類作成や面接対策をやってみることでコンサルタントの考え方が身につき、実際に面接を受けてみることで新たな情報を得たりコンサルタントの人となりを知ることができたりします。これらによって、ただ情報収集するよりも理解が深まります。一般的な転職とコンサルへの転職は、大きく前提が違うことをふまえておいてください。

「どの順番で受けるか」で結果は大きく変わる

——第一志望以外もできるだけたくさん受ける

では、次の7つのステップに沿って、コンサルタントへの転職に向けた全体像を順に説明していきます。しっかりと全体像を把握した上で、必要なことに順に取り組んでいけば、必ずコンサルティングへの理解が進み、自分の足りないところも見えてきて、転職の成功に近づくことができます。「敵を知り己を知れば百戦危うからず」です。

①戦略立案・スケジューリング
②書類作成

③面接対策
④面接の振り返り・進め方
⑤筆記試験（WEBテスト）対策
⑥オファー・意思決定
⑦退職交渉

意外に思うかもしれませんが、コンサルタントへの転職において最も重要であり、かつ一番難しいのが「選考の進め方（戦略）」です。**進め方とは、「どのファームを」「どの順番で」受けるか**ということです。もちろん、書類作成や面接対策、ケース対策も重要ですが、この「進め方（戦略）」次第で結果は大きく変わります。

進め方を間違えると、本来であればオファーを得る可能性が十分にあったファームに落ちてしまうこともありますし、記念受験に近かったファームからオファーを獲得できることもあります。私は実際に、そのような事例をたくさん見てきました。

では具体的に「どのファームを」「どの順番で」受ければいいのでしょうか。

・（どのファームを）第一志望以外にも「できるだけ多くのファーム」を受ける

繰り返しになりますが、コンサルティングファームからオファーを得るために、書類作成や面接対策と等しく重要なのが、「コンサルティングの理解」や「各ファームの特徴の理解」です。これらの理解が深まらないと、自分の言葉で志望動機を話すことができません。

前述した通り、業界やファームの理解を深めるためには「実際に面接を受けてみる」ことが何より重要です。求職者が面接を通じて情報収集をしていることはファーム側も承知しているので、面接官から会社紹介があったり、求職者からの逆質問を受けつける時間があったりします。

「受けながら情報収集をする」を前提にする場合、興味のあるファームだけを受けていては、得られる情報量が少なすぎます。私が見る限り、何もアドバイスしないと志望度の高い数社、多くても10社くらいしか受けない人が多いですが、これでは「全ての会社を受け終わった後にようやく理解が深まる。しかしオファーはゼロ」という事態になりかねません。

私が担当する求職者の場合は平均して20社ぐらい応募することが多く、人によっては30～40社ぐらいになることもあります。もちろん、決して「数打ちゃ当たる」ではなく、しっかりと計画を立て、PDCAを回すことが前提です。応募するファームはしっかりと選び、求職者が希望する領域のコンサルティングが手掛けられるファームに絞り、転職活動全体のスケジュールも考慮した上で決めていきます。

・（どの順番で）「面接を通過しやすい会社から」受ける

応募開始からオファーまでは、通常の進め方で短くて2カ月、長いと4カ月ぐらいかかります。長丁場になるので、モチベーションのコントロールがとても重要になります。

そのため、最初の応募先は、面接を通過できる可能性が高いファームを3～7社ほど選びます（エージェントがいる場合は、プロに選んでもらうほうが賢明です）。狙い通り最初の応募先でいい結果が出ると、モチベーションの向上につながります。その後も面接通過の可能性が高いファームから順に受けていき、モチベーションを維持・向上できるように進めます。

しかし、応募したファーム全てからオファーを獲得することはあり得ません。必ずどこかで採用見送りの連絡がきます。人間ですから採用見送りの連絡がくると必ずショックを受けます（エージェントである私も同様です……）ので、事前に不採用になるファームも想定しておき、中長期目線で最終的な目標を見据えることが大事です。

このように、あらかじめしっかりと戦略を練ってから応募を開始することで、目の前の結果に一喜一憂せず、選考に臨むことができます。

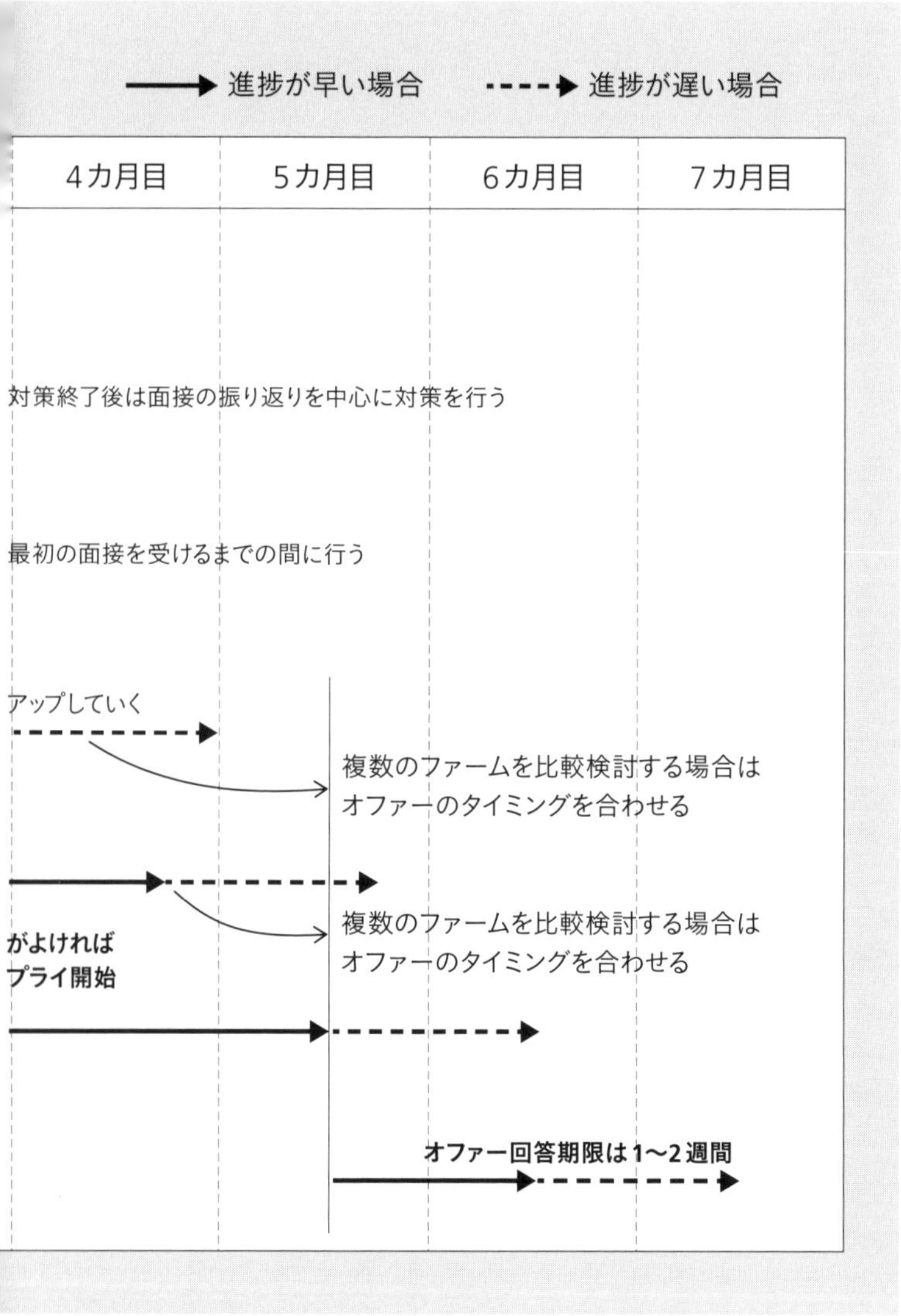
進捗が早い場合
進捗が遅い場合
4カ月目
5カ月目
6カ月目
7カ月目
対策終了後は面接の振り返りを中心に対策を行う
最初の面接を受けるまでの間に行う
アップしていく
複数のファームを比較検討する場合は
オファーのタイミングを合わせる
がよければ
プライ開始
複数のファームを比較検討する場合は
オファーのタイミングを合わせる
オファー回答期限は1～2週間

20社ぐらいを受ける場合の転職活動スケジュール

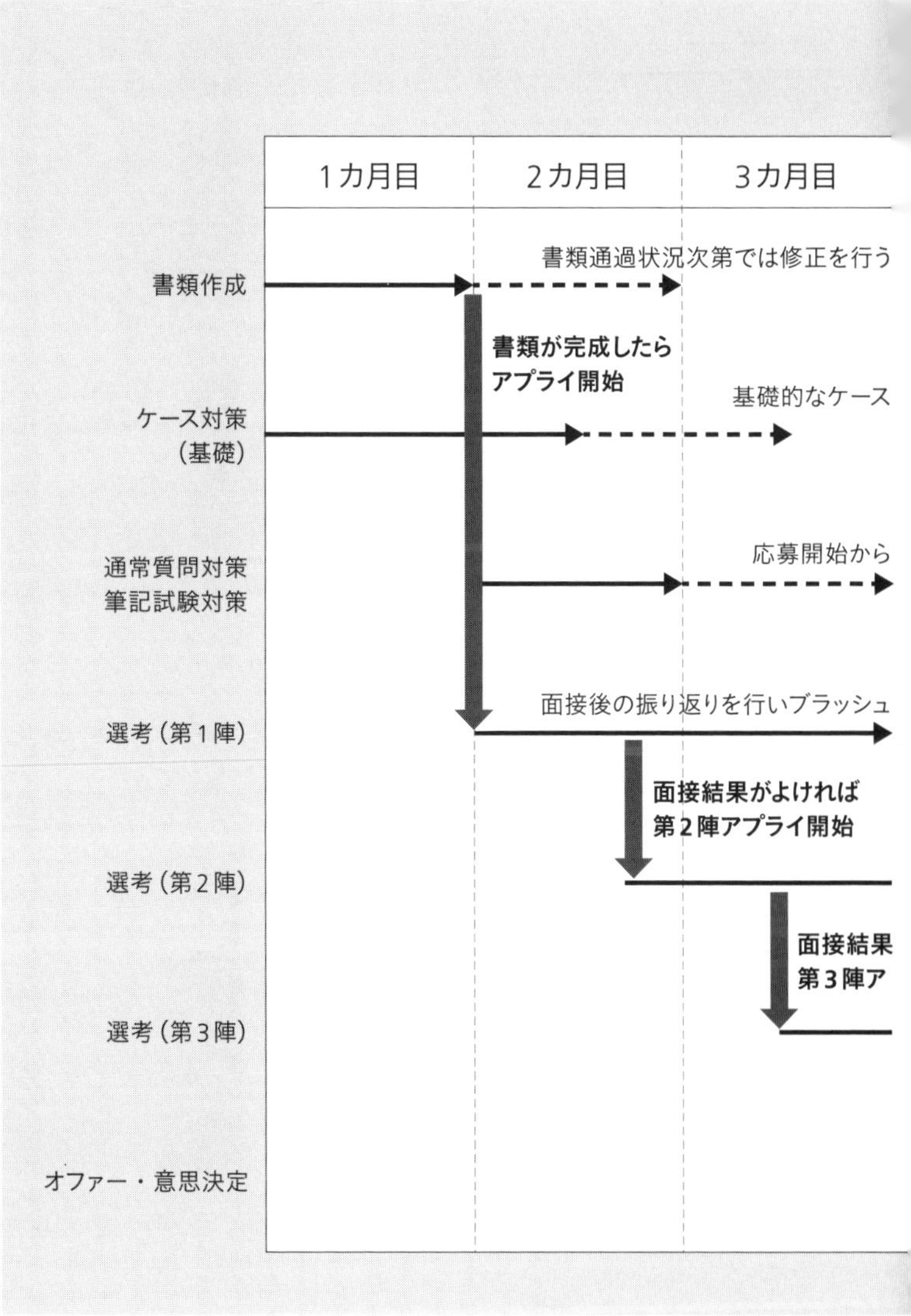

ロジカルでない「職務経歴書フォーマット」は使うな

――「コンサルタントの考え方」で書くと面接対策も兼ねられる

転職・就職活動で、最初に着手するのが書類作成です。書類では、主に第2章で紹介した「ハード面」（学歴、年齢、職歴）を見られます。工夫して作成することで、次の段階の面接対策を兼ねることもできます。

コンサルティングファームを受けるにあたって必要な書類は、

・履歴書
・職務経歴書

・（必要なら）志望動機書
・（必要なら）英文レジュメ

です。

今ではほとんどが、履歴書と職務経歴書の2つだけで済みます。

2000年代までは、ほとんどのファームが志望動機書も必須としていましたが、2010年代に各ファームがこぞって積極採用し始めた頃から、応募のハードルを少しでも下げるために、応募時の志望動機書を不要とするファームが増えてきました。その結果、今では志望動機書を必要とするファームは極めて少なくなっています。

また同様に、英文レジュメが必要なファームもごくわずかです。マッキンゼーのように社内公用語が英語であるファームか、まだ日本法人の規模が小さくパートナー陣に外国籍のコンサルタントが多いファーム（実質的に社内公用語が英語）、または大手ファームであっても、特定の部門のリーダーが外国籍で部門内の公用語が英語になっている場合など、書類選考を行うコンサルタントが日本語を使えない場合に限られます。

では、それぞれの書き方について説明していきます。

・履歴書：志望動機や職務内容を書くのは「蛇足」

履歴書は、ＪＩＳ規格の一般的なフォーマットのもので問題ありません。ただし「志望動機」や「本人希望記入欄」など、履歴とは関係ない覧は記載しないでください。

そもそも「書類の定義」を考えれば、履歴書には個人情報と学歴、職歴、賞罰、資格が記載してあれば十分です。職務内容を詳しく書きたかったら職務経歴書にまとめればよく、志望動機を書類で伝えたければ志望動機書を作成すべきですので、履歴書にあれもこれも記載してしまうのは、蛇足以外のなにものでもありません。

・職務経歴書：一番伝えたいこと（結論）から簡潔に

職務経歴書作成の目的は、ただ「書類選考を通過させること」ではありません。職務経歴書作成を通して「コンサルティングへの理解を深める」こと、「面接対策を兼ねる」こと。この2つが重要です。

コンサルタントの基本かつ重要な考え方は「ロジカルシンキング」です。職務経歴書という最初のアウトプットからロジカルシンキングをしっかりと意識することで、職務経歴書全体がＭＥＣＥ、ロジックツリーの構成となり、読み手にとってわかりやすくアピールできる書類に仕上がります。そして「コンサルタントの考え方」で書類を作成することにより、ロジカルシンキングを鍛えることができます。

職務経歴書をしっかりと作成することは、同時に面接対策にもなります。コンサルティングファームの場合、書類選考、面接を行うのはほとんどがコンサルタントです。ロジカルシンキングを意識したほうが、これから一緒に働く人に向けて、アピールになることはいうまでもありません。

ところが残念なことに、世の中に出回っている「職務経歴書」のテンプレートは、そのほとんどがロジカルに考えられていません。大手人材紹介会社のひな型ですら、私からすると、疑問に思うものばかりです。

例えば、「活かせる経験・知識」などと「自己ＰＲ」という項目が両方記載されているものがありますが、似た項目が重複していて、ＭＥＣＥではありません。さらに、このような「強み」の欄は、職務経歴書の最後に記載するよりも上方に記載したほうが、読み手（書類選考担当者）に対して結論（職務経歴書で一番伝えたいこと＝強み）が先に伝わってアピールになります。「職務経歴概要」で職歴全体の結論を伝え、その次に強みを記載することで、一番伝えたいアピールポイント（経験、スキルなど）を読み手にすぐ伝えることができます。

また、ただ漫然とやったことや成果を箇条書きで羅列しているのも見かけます。コンサルタントの仕事は「問題解決」です。「どのような問題を解決したか」「どのような問題意識を持って業務に取り組んできたか」に焦点を当てて記載したほうが、問題解決力のポテンシャルをアピールすることができます。

・志望動機書：想いではなくロジック重視

志望動機＝コンサルタントを志望する「理由」なので、ここでもロジックが極めて重要になります。読み手が「なるほど、それなら確かに他の業界ではなくコンサルですね」と納得する内容を記載する必要があります。面接で必ず志望動機は聞かれますので、もし既にしっかりとした志望動機書を作成済みであれば、志望動機書の内容をそのまま話して大丈夫です。

・英文レジュメ：形式重視

英文レジュメは職務経歴書とは異なり、ほぼ形式が決まっています。また、記載する内容も職務経歴書と比較するとかなり簡潔になります。既に職務経歴書を作成していて英語が問題ない人であれば、それほど時間をかけずに作成することができます。ただ、英文レジュメ独特の記載方法や言い回しはおさえておいてください。

【業務内容】
新製品・新機能の候補リストや営業部から上がってくる改善要望リストに対して、優先順位をつけて、開発期間・リリース時期を見積もり、CTO管轄の製品企画会議向けの資料作成を行っています。また、担当となった案件の開発・リリースの進捗管理、新機能候補の洗い出しや提案を行っています。

【主な実績・成果】
・新製品・新機能の優先順位をつける際に、競合製品についても調査しますが、営業時代に顧客企業とやり取りしていた経験を活かすことで、より顧客ニーズが高く競合優位性がある機能の優先順位を高くすることを提案しました。その結果、競合に先んじて新機能をリリースすることができ、競合製品と悩んでいた顧客が弊社を選んでくれるようになった、という報告を営業部から受けました。

・開発・リリースの進捗管理では、開発部門の担当者から上がってくる進捗報告を元に開発状況の進捗を管理しますが、進捗報告の内容に対して製品企画部が何かしらを要求することはほとんどありませんでした。そこで、営業時代の経験を活かして開発部門の担当者と仲良くなることで、優先順位が高い機能の開発からリリースまでにかかる期間を、企画段階から短縮することができました。

【活かせる経験・知識・技術】
・営業力：コールドコールでの新規営業、既存顧客への深耕営業、良好な関係性を構築する営業ができます
・進捗管理：きめ細やかなやり取り、良好な関係性の構築により、スムーズな進捗管理ができます
・コミュニケーション力：相手に不快感や警戒心を与えず、本音や本心を引き出すコミュニケーションができます

【PCスキル】
Word・Excel・PowerPoint 一から資料を作成することができます

【資格】
普通自動車第一種免許
日商簿記2級
TOEIC 860点（20XX年XX月）

このような自身の強みを伝える項目は、【職務経歴概要】の次に書く。また、下の【自己PR】欄と重複している（MECEでない）ので、ひとつの項目にまとめる。さらに、コンサルタントに求められる強みは何かを考える

【自己PR】
＜目標を達成するまで徹底してやり遂げる実行力＞
中学・高校ではサッカー部に所属し、部員メンバー一丸となって、目標達成に向けた厳しい練習を乗り越えてきました。残念ながら目標としていた県大会3回戦突破は叶いませんでしたが、この経験を通して、目標達成に向けて努力することの大切さや意義、やり遂げた後には達成感や成長を実感することができる、ということを学ぶことができました。この経験から、私は何事においても目標を達成するまで徹底してやり遂げる実行力があります。

＜どのような人とも良好な関係性を築けるコミュニケーション力＞
私は、まず相手の話をじっくりと聞くことを大切にしています。しっかりと傾聴し、相手の考えや希望を正確に把握した上で、相手が無理なく受け入れられる提案や話をするように意識しています。これにより、当初は私の話を聞いてくれなかった人も、傾聴する姿勢を貫いて何度も会話をしているうちに、徐々に私の話も聞いてくれるようになりました。その結果、営業や進捗管理の業務では、良好な信頼関係を築くことができ、私の提案を受け入れて買って下さったり、業務改善に繋がったりしました。

以上

自身の強みはひとつにまとめて【職務経歴概要】の次に書く。また、なるべく職務経歴に関連する強みを書く

※ AFTER は次の見開きへ

職務経歴書は「ロジカル」に書く

BEFORE

職　務　経　歴　書

20XX年X月現在
氏名　○○　○○

△ 成果が書かれていない

【職務要約】
○○大学卒業後、中堅中小企業の役に立ちたいという想いから、業務支援パッケージソフトを製作・販売する○○○株式会社に入社しました。入社後、新人研修を経て、東京本社第二営業部に配属となり、主に中小企業向けの新規開拓営業から導入支援、アフターサービスを担当しました。その後、営業実績が評価され製品企画部に異動となり、新製品・新機能の企画提案や営業部から上がってくる改善要望への対応、開発・リリースの進捗管理を行っています。

△ 無理に表形式にする必要はない

【職務経歴】

20XX年4月～現在　○○○株式会社 事業内容：中堅中小企業向け業務支援パッケージソフトの製作・販売 資本金：XX億円　売上高：XXX億円　従業員：XXXX名　上場：：スタンダード市場（20XX年X月現在）	
20XX年4月	人事部 １新人研修 【業務内容】 ビジネスマナー研修、製品・サービス内容の理解、営業研修を受けました。
20XX年5月 ～ 20XX年3月	東京本社　営業第二部 中堅中小企業向け業務支援パッケージソフト新規開拓営業、製品導入支援およびアフターフォロー 【業務内容】 売上数億～数10億円規模の企業に対して、新規開拓営業（コールドコール、メール、既存顧客からの紹介）、受注後の製品導入支援および導入後のアフターフォローを行いました。 【実績】 20XX年度：新規開拓15社（目標達成率：150%）　部内20位（35名中） 20XX年度：新規開拓25社（目標達成率：125%）　部内8位（42名中） 20XX年度：新規開拓32社（目標達成率：128%）　部内2位（51名中） 【ポイント】 初年度は、まずはとにかく新規開拓営業の仕事に慣れることが重要と考え、1日最低100件のコールドコールを目標にしました。1回目のコールで受注に繫がらなかった顧客に対しても粘り強く営業することで、年度後半に徐々に成果が出始めました。 2年目は、引き続きコールドコールも実施しつつ、まだ受注に至っていない顧客に対しても定期的にお伺いを立てることで、新しい提案を行い、受注できるようになってきました。 3年目は、既顧客との何気ない会話がキッカケで、参加者5-10名程度の小規模な経営者向けセミナーを開催することを思いつき、計5回実施するなどの新しい取り組みが功を奏しました。
20XX年4月 ～現在	東京本社　製品企画部 新製品・新機能の企画提案、改善要望対応および開発・リリースの進捗管理

△ ただやったことを書くのではなく、問題意識や解決方法などのプロセスに着目し、具体的に詳しく書くとよい。
〰〰部分は、
・どのような問題意識があったのか？
・具体的に何をしたのか？
・どのような成果を期待していたか？
自問してみよう

・継続フォローによる成約
　1回目のコールで受注に繋がらなかった顧客に対して、2回目3回目のコールをかけるのに適した間隔を過去の実績から算出し、こちらもKPIに設定して継続的な営業を実施。併せて、既顧客に対してもアフターフォローとして定期的に状況確認を行い、ソフトの利用状況や他に業務上の問題を抱えていないかを丁寧にヒアリング。その結果、2回目3回目のコールで成約に至ったり、既顧客の追加機能の受注に繋がったりした。

・経営者向けセミナーの企画・開催
　既顧客をアフターフォローしている際に、他の経営者仲間が同じような問題を抱えているという話を聞き、参加者5-10名程度の小規模な経営者向けセミナーを企画してご提案した結果、既存営業よりもはるかに高い確率で成約に至る。そのため、同様の企画を他の既顧客にも提案し計5回実施し、新たな成約に繋げた。

（数値実績）
20XX年度：新規開拓15社（目標達成率：150%）　部内20位（35名中）
20XX年度：新規開拓25社（目標達成率：125%）　部内8位（42名中）
20XX年度：新規開拓32社（目標達成率：128%）　部内2位（51名中）

20XX年4月～現在　　東京本社　製品企画部
【業務内容】
　新製品・新機能の企画提案、改善要望対応および開発・リリースの進捗管理に従事。
新製品・新機能の候補リストや営業部から上がってくる顧客の改善要望リストに対して、優先順位をつけ、開発期間・リリース時期を見積もり、CTO管轄の製品企画会議向けの企画提案資料を作成。また、担当案件の開発・リリースの進捗管理、新機能候補の洗い出しや提案を行う。

【主な成果・実績】
・競合優位性の確立
　新製品・新機能の優先順位をつける際に、競合製品に関する調査に加えて、顧客ニーズが高い機能を優先させることを考え、営業部時代の上司に相談したところ、各営業部員が顧客からヒアリングした内容を共有してもらえることになる。これまでも顧客からの改善要望はリスト化されていたが、製品企画部では開発期間とコストを重視して優先順位を決めていたため、顧客ニーズが適切に反映されていなかった。この新しい取り組みの結果、競合に先んじて顧客が本当に求めている新機能をリリースすることができ、競合製品に対する自社製品選択率が約10%向上し、競合優位性を確立することができた。

・開発・リリース期間の短縮
　開発・リリースの進捗管理では、開発部門の担当者から上がってくる進捗報告を元に進捗を管理するが、進捗が大幅に遅れるなどの問題報告が上がってくることが滅多になかった。これに疑問を感じ、開発部門の担当者にヒアリングしてみたところ、開発部門ではかなり余裕を持った見積もりを出しており、リソース的には常時余裕があることが判明。そのため、優先度が高い案件については期間を短縮してもらうことを開発部門に提案したところ、優先順位をつける企画段階から開発部門もかかわることを条件に承諾を得る。その結果、優先順位が高い機能の開発からリリースまでにかかる期間を、平均20%削減することができた。

【その他】
日商簿記2級
TOEIC 860点（20XX年XX月）

以上

基礎知識

入社できた人（ハード面）

入社できた人（ソフト面）

対策（全般）

対策（ケース）

入社後

ファーム紹介

AFTER

職務経歴書

20XX年X月現在
氏名　○○　○○

成果についても言及

【職務経歴概要】

○○大学卒業後、中堅中小企業の役に立ちたいという想いから、業務支援パッケージソフトを製作・販売する○○○株式会社に入社。新人研修を経て、東京本社第二営業部に配属となり、主に中小企業向けの新規開拓営業から導入支援、アフターサービスを担当。顧客の課題を丁寧にヒアリングする営業スタイルや経営者向けセミナーを自ら企画することにより、毎年目標達成率120%以上の成果をあげる。

その後、営業実績が評価され製品企画部に異動となり、新製品・新機能の企画提案や開発・リリースの進捗管理を担当。また、通常業務の傍ら、より競合優位性が高い製品を開発するための企画提案方法の見直しや、開発からリリースまでの期間を短縮するなど、製品企画から開発・リリースにおける業務改善にも従事している。

コンサルタントに求められる強みを整理。この強みが一番伝えたいことなので上のほうに記載（結論から先に）

【得意分野／スキル】

(1) 問題解決・業務改善

顧客が抱えている問題や業務上の改善点を見つけ出し、周囲を巻き込みながら問題解決や業務改善を提案・実行して、成果を出すことができる。また、その際には、顧客や関係者が抱えている問題を明確にし、市場や競合などを調べることでファクトを積み上げ、根本的な課題の特定と解決策の提案を行い、問題解決や業務改善に取り組んでいる。

(2) コミュニケーションスキル

しっかりと傾聴し、相手の話の内容や根底にある考えを理解し、その想いや感情に共感した上で、相手が無理なく受け入れられる提案や話し方ができるコミュニケーションスキルを有する。これにより、当初は私の話を聞いてくれなかった人も徐々に私の話を聞いてくれるようになり、私の話や提案を受け入れてくれるなどの良好な信頼関係を築くことができる。

(3) 目標達成力

学生時代の部活にて、目標達成のために厳しい練習を乗り越えてきた経験から、高い目標を目の前にしても挫けることなく、如何にして達成するかを考え、計画的に遂行する目標達成力がある。これまでの業務においても、目標を達成するために必要なKPIを考え、計画的に実行することで成果を挙げてきた。目標達成が困難な状況に置かれても、諦めずにやり遂げることができる。

表形式をなくし、〰〰部分のように問題意識や解決方法、成果を詳しく記載

【職務経歴詳細】

20XX年4月～現在　○○○株式会社

20XX年4月　人事部

新人研修として、ビジネスマナー研修、製品・サービス内容の理解、営業研修を受ける。

20XX年5月～20XX年3月　東京本社　第二営業部

【業務内容】

売上数億～数10億円規模の企業に対する、新規開拓営業（コールドコール、メール、既存顧客からの紹介）、受注後の製品導入支援、導入後のアフターフォローに従事。

【主な成果・実績】

・コールドコールによる新規開拓営業

目標の新規開拓件数を達成するために必要なコールドコール数を、過去の新人社員実績を元にKPIとして設定。毎日必ずKPIを超える数のコールドコールを実施。1ヶ月目に初めての成約を実現。

回数の減少で1回1回の面接の重みが増している

——面接官はマネージャーやパートナーが担当

面接対策は、次の2つに大別されます。

・通常質問対策：自己紹介や職務経歴、志望動機などの一般的な質疑応答の対策
（原則、インターパーソナルスキルを見られる）
・ケース対策：コンサルタントとしてのポテンシャルを見極めるために課すケースの対策
（原則、インテレクチュアルスキルを見られる）

コンサルティングファームの採用チームは人事部などではなく、パートナーが採用責任者を務め、マネージャー以上のコンサルタントで構成されます。書類選考は、主にパートナーが、面接は、採用チーム全員で行います。基本的には1次面接はマネージャーから始まり、回数ごとに面接官の役職が上がり、最終面接はパートナーになることが多いです。

それぞれの回で内容に大きな変更はなく、1回の面接の中で、

・通常質問
・ケース
・逆質問（文字通り求職者が面接官に「逆に質問する」こと）

があります。

なお、「コンサルティングファームの面接回数はとても多い」といわれてきましたが、近年は選考期間の短縮化が進んでおり、基本は「面接3回」で終わるファームがほとんどです。面接回数の減少は、1回1回の面接の重みが増すことを意味します。しっかりと対策をしてから挑むことが重要です。選考期間の短縮化が進んでいるのは、他社から先にオファーが出て辞退されることを防ぐことが一番の目的ですが、コンサルティング業界の人気が高まって増えた応募者をさばくため、という面もあると思います。

「質問と回答がズレる」人は評価されない

――通常質問でもコンサルタントの考え方を鍛える

繰り返しになりますが、面接では、ケース以外の通常質問でも「ロジカルな考え方ができるか」は見られています。「結論がわかりやすく、理由・根拠が明確である」回答ができるように対策します。

前段階でしっかりと書類を作成して下地ができていれば、通常質問対策はそれほど大変ではありません。応募から最初の面接までに1～2週間は間が空くので、この間にコンサルティングファームでよく聞かれる質問に対する準備をします。

よく聞かれる質問は、

・自己紹介
・職務経歴
・志望動機
・貢献できること（強み）
・苦手なこと（弱み）
・成果を上げた経験
・苦労した経験
・5年後10年後のキャリアプラン

などがあります。

いずれも、回答に対して1〜2回掘り下げられる（さらに深く質問される）ことを前提に準備しておきます。

私が対策で最も重視しているのは、**「質問に対する回答になっているか」、つまりは「質問と回答がズレていないか」**です。この点は、ファームからも厳しく見られます。

「いやいや、質問への回答がズレないのは当たり前でしょ」と思われるかもしれませんが、残念ながら誰もがやりがちな失敗です。面接の緊張や焦りから、つい必要以上に話してしまう人もいるので、気をつけてください。

よくあるNGの例としては、職務経歴を聞かれているのになぜか最後は志望動機を話していたり、志望動機を聞かれているのになぜか最後は自分の強みをアピールしていたり……というパターンです。「本人的にはよかれと思って話したことが、面接官から見ると余計なことだった」というのが、ズレてしまう典型的なパターンです。

また、「質問を繰り返されるうちに、途中で面接官の質問の意図がわからなくなってしまった」というパターンもあります。こうなってしまうと、面接官の質問にきちんと回答することは不可能です。確認を行うことは全く問題ありませんので、質問の意図がわからなくなったら、必ず聞き直しましょう。

このように質問と回答がズレると、いくら回答した内容自体がよくても、面接官（コンサルタント）からは「そもそもロジカルではない」と評価されてしまいます。

次に準備で重視しているのは、**回答に「納得感（ロジック）があるか」**です。具体的には「できる限り結論から簡潔に話す」「結論の理由・根拠が明確である」と、話す内容に納得感が出ます。

志望動機のように、必ず聞かれる質問はあらかじめ準備できますので、結論↓根拠の順に話す内容を決めておきます。面接の場で考えさせるような質問（あらかじめ準備できていなかった質問）の場合は、どうしてもその場で対応することになりますので、結論がわかりづらくなりがちです。一通り話した後に「要するに、お伝えしたいこと（結論）は〇〇です」と、結論を再度整理して話すようにしましょう。


それでは具体例を見ていきます。

まずは、よくある悪い志望動機の例です。

✕

（悪い例）コンサルタントになることが「手段」でしかない

もっと日本の企業に貢献し、自分自身が成長したいからです。

私は、これまで誰かの役に立つことを仕事の軸にしてきました。誰かの役に立つことに、一番やりがいを感じるからです。

現在は業界ナンバーワン飲料メーカーの営業担当として、お客様に喜んでいただき、飲食店の売上となることにとてもやりがいを感じています。しかし、今は営業ですので、貢献できる範囲がお客様の売上への貢献に限られており、飲食店での人手不足や、若い世代のアルコール離れなど、業界の構造的な問題に対しては、無力であると感じています。

コンサルタントであれば、企業が抱える問題、そして業界全体の構造的な問題に対して解決策を示し、行動できると考え、御社を志望しました。

◎（いい例）コンサルタントになることが「目的」になっている

日本企業の経営課題の解決をしたいからです。

私はこれまで飲料メーカーの営業担当として、自社商品を一人でも多くのお客様に飲んでいただくため、飲食店の現場の方とやり取りしてきました。業界ナンバーワン企業として、お客様に喜んでいただき、それが飲食店の売上となることにもやりがいを感じてきました。しかし、飲食店での人手不足や、若い世代のアルコール離れなど、業界の構造的な問題に対しては、無力であると感じています。

コンサルタントであれば、企業が抱える問題や業界全体の構造的な問題に対して解決策を示し、行動できると考え、御社を志望しました。


なぜ、前者が悪いかわかりますか？

面接官の身になって、結論である「もっと日本の企業に貢献し、自分自身が成長したいからコンサルタントを志望しています」に対して反論（突っ込み）してみてください。

「コンサルタントでなくても貢献できるのでは？」

このように突っ込まれた場合、もしあなたがさらなる反論をするとしたら「いえ、コンサルタントのほうが今よりも貢献できます」と、志望動機の正当性を訴えるでしょう。しかし、これではロジックが弱いです。「それなら、今よりもお客さんを増やせばいいのでは？」「今よりも業務範囲が広い製品を扱う企業の営業でもいいのでは？」「そもそも今よりってどれくらいならいいの？」と突っ込まれて、何もいえなくなってしまいます。

さらに、「成長したい」という部分も同様に「コンサルタントでなくても成長できるのでは？」と突っ込まれてしまいます。志望動機として論理的な納得感（ロジック）がありません。

「悪い例」の志望動機にロジックがない理由は、**コンサルタントになることを、「目的」ではなくて「手段」と捉えているから**です。目的はあくまで「貢献（成長）すること」であり、そのための手段として「コンサルタントになる」ことを持ってきています。確かに、コンサルタントになることで「貢献（成長）すること」は達成できますが、あくまでコンサルタントになった結果に過ぎません。

そもそも「志望動機」とは、何かを「したい理由・動機」です。「コンサルタントの志望動機」であるならば、「コンサルティングをしたい理由」を明確にする必要があります。「コンサルティング」は「経営課題の解決」なので、志望動機の結論は、「経営課題の解決をしたいから」とするのが正解です。その上で、「なぜしたいのか？」を掘り下げて、さらに理由を考えていくと、納得感（ロジック）のある志望動機ができあがります。

このように、「手段」と「目的」を間違えるという場面は普段の生活の中でもありますので、日頃から注意してみてください。

通常の質問が終わると、面接の最後に「○○さんからご質問はありますか？」と聞かれます。これを「逆質問」といい、通常質問と同様に対策しておく必要があります。

逆質問では、

・最近のプロジェクトの傾向（業界・テーマ）
・入社後コンサルタントとして立ち上がるまでに気になること（アサインの方法、働き方、出社？　リモートワーク？）

・新人が躓きやすいポイント

・ファームが目指していること・ビジョンなど（パートナーに聞くと良い）

など、そのファームならではのことをぜひ聞いてみてください。次の面接に進んだときに、前回面接の逆質問で聞いた情報を活かして、もっと納得感のある志望動機を答えられるようにするといいでしょう。

ケース対策は、解答を暗記するな

——見られているのは「答え」ではなく「考え方」

「ケース面接」とは、「面接官が出したお題（ケース）について、お互いの考えや意見を提示し合い（ディスカッション）、一緒に解決策を導く」ことです。具体的な対策は第5章で説明しますが、まずはその大前提となる基礎知識をお伝えします。

ケース面接のやり取りの中で、面接官は、求職者の考え方（インテレクチュアルスキル）とそのポテンシャルを見て、

・プロジェクトメンバーとして一緒に仕事ができるかどうか？（スキルの確認）
・コンサルタントとして一人前に育成できるかどうか？（ポテンシャルの確認）

を判断します。

実に様々なケースがありますが、**よく出されるケース**を大きく分けると次の3つになります。いずれのケースも、第3章で紹介した「インテレクチュアルスキル（ロジカルシンキング、洞察力、思考スピード）」を見るのが主な目的です。

①数値算定系

ある商品やサービスなどの売上や市場規模を**算定させる**ケース
（ロジカルシンキングと思考スピードを見られる）

②売上向上系

ある商品やサービスなどの売上や市場規模を**向上させる**ケース
（ロジカルシンキングと洞察力、思考スピードを見られる）

③問題解決系

ある企業の問題や社会的な問題などを**解決させる**ケース
（ロジカルシンキングと洞察力、思考スピードを見られる）

ケース面接で見られているのは、決して「答え（が合っているかどうか）」ではありません。見られているのは、あくまで「考え方（インテレクチュアルスキル）」です。対策は、兎にも角にも自分で考えることが重要であることをしっかりと認識してください。

コンサルティングファームを受ける人は、これまでの人生で大学受験をはじめとする様々な「試験」を経験してきています。そのため、「問題」を出されると、ついつい「答え（正解）」を出さなければならないと思ってしまう人が多いです。ケース対策についても、勉強する時のように「問題集を解いて公式や解法を理解して使えるようになること」に主眼を置き、「正解を答えよう」としてしまうのです。

それだと考え方（途中の思考プロセス）を見たい面接官は何も評価することができません。最悪の場合、「思いつきで話しているだけで考えていない」という評価になってしまいます。実際、私が戦略ファームの採用担当パートナーと話していて、「みんなが同じような解答をしてくるのでケース面接がつまらないんですよ……」という嘆きを聞くことがあります。

なぜ「正解を答える」のがダメなのか。これは、本質に立ち返って「コンサルティング」という仕事の内容を考えてみれば、自然に理解できます。

コンサルタントの問題解決は、知識や経験からアドバイスするのではなく、まず問題を明確にし、その原因を特定し、そして解決策を導き出します。ファクトベースかつ論理的に考えて問題を解決するのがコンサルタントの問題解決方法であり、それを支えているのがインテレクチュアルスキルです。

20代、30代でコンサルタントになった人が、大企業のマネジメント層に対して、「以前こういうことをやった経験があるので（あるいは、こういうことが○○に書いてあったので）、実践してみたらいかがでしょう」という問題解決をしたら、どうでしょうか？　残念ながら、何の付加価値もないことは、すぐにわかると思います。さらに、知識や経験だけをベースにしている限り、これまでになかった新しい問題は解決できません。

ゆえにケース面接では、「論理的に問題を解決する」考え方ができるかどうかを見て、コンサルタントとしてのインテレクチュアルスキルとポテンシャルを測っています。

もちろん、対策だけでコンサルタントと同等のスキルを身につけることはなかなかできません。それでも、正しく対策することによってコンサルタントのスキルがどのようなものなのかの理解を深め、近づくことはできます。正しい対策は、コンサルタントがどのようにしてスキルを得るのかを参考にすると、見えてきます（詳細は第5章で説明します）。対策や練習は、ただやみくもにやっても高い効果は期待できません。このような前提や背景を理解した上で取り組む必要があります。

ちなみに、「ケース面接で見られているのは、決して『答え』ではなく、あくまで『考え方』です。自由に考えてOKです」といわれても、「一体どれくらいのロジックがあればいいのか……」と気になると思います。

この目安としては、世の中の半分ぐらいの人が「まぁそうかもね」と思えるくらいであればOKです。面接官はコンサルタントですから、一般の人よりもはるかに知識も経験も豊富ですので、これくらいの基準で考えていれば、面接官はほぼ「まぁそんな感じですね」と、納得してくれます。

面接が終わったらすぐに、内容を全て書き出す

――振り返りから「主観」は排除する

重要なのが、「面接を受けた後は、必ずしっかりと振り返りを行う」ことです。折角ファームの面接を経験し、1時間頭をフル回転させたわけですから、この貴重な経験を次の面接に活かさないわけにはいきません。**本番の面接は、一番いい対策**でもあります。

振り返りの際は、まずは面接官とのやり取りを思い出し、全て書き出します。この作業は「客観的に、ファクトベースで」行うことが大事です。面接官とのやり取りを客観的にファクトベースで確認するのは、自分自身の「ここがよかった、あそこがダメだった……」とい

う主観が入ると、具体的なロジックの良し悪しがわからなくなるからです。特に選考序盤は、求職者はまだどのような内容が面接官から高く評価されるのかがわかっていません。結果、面接官の表情や反応に影響されてしまい、面接官の評価と求職者の自己評価にズレがあることが多いです。書き出したら、次の振り返りチェックポイントを確認していきます（客観性を担保するためにも、振り返りはできれば一人ではなく、エージェントと1対1で行うのがおすすめです）。

【振り返りチェックポイント】

・通常質問でロジカルに回答できたか（ロジック）

自分でも「わかりづらかったな……」という回答はありませんでしたか。ケースだけではなく、通常質問で必ず聞かれる志望動機や職務経験を話す時にもロジックを見られています。質問への回答として、結論（最も伝えたいこと）とその根拠（結論を支えるファクトやエピソード）を明確なロジックで話せたかを確認します。

・面接官の意図・目的を汲み取れたか（納得感）

質問に対して、独りよがりな内容を話していなかったでしょうか。質問には、面接官の意図・目的があります。必ず面接官の立場で「何を確認したいのか？」「どのような回答を期待しているか？」を考えることが重要です。その上で、話した後に面接官の反応や表情を確認しましょう。決して「自己満足」で終わってはいけません。

・面接官の発言をふまえた回答ができたか（素直さ）

面接官の発言に対して、否定や反論をしていなかったでしょうか。面接官が何か意見や示唆をしたとき、素直に受け入れて、自分の考えを進展させることができる人かを見られています。これも、ケースだけではなく、通常質問でも見られています。面接官からの意見や示唆を頭ごなしに否定するのではなく、一度きちんと受け止めて、その内容をしっかりとふまえた自分の考えを伝えるように心掛けましょう。

・自分の考えや意見を面接の時間内で改善できたか（成長力）

面接官は、よく自分の考えや意見を話してきます。これは求職者への示唆やアドバイスのことが多いのですが、求職者側が取り入れるかどうかは前述した「素直さ」により決まります。面接官は、アドバイスを取り入れた結果、求職者の考えがどれくらい進んだかよい方向に変わったかで「成長力」を評価します。「成長力」は、面接と面接の間だけでなく、1回の面接内でも見られています。

・面接官のリアクションにいちいち惑わされなかったか（ロジック・納得感）

面接官のリアクションが良くても悪くても（またはなくても）、全く気にしないでください。求職者がやるべきことは変わりません。相手の質問にロジカルにわかりやすく回答するだけです。面接官のリアクションにつられてしまうと、このやるべきことが疎かになってしまうことが多いです。

・「突っ込み」に慌てず対応できたか（ロジック・納得感・物怖じしない）

「リアクション」と同類ですが、面接官はコンサルタントですので、求職者の回答に対して、「なぜ？」「どうして？」と突っ込んで聞いてくることがよくあります。しかし、これは決して「圧迫面接」ではありません。コンサルタントは、純粋に求職者が話した内容に「わからないこと」があったから聞いているだけです。つまりただの素朴な疑問です。ゆえに、聞かれたことに対してもロジカルに回答すれば面接官は納得してくれます。過剰に反応して気にする必要は全くありません。

ちなみに、いわゆる「圧迫面接」というのは、どれだけロジカルな回答をしても、その一切を否定してくる理不尽極まりない面接のことをいいます。ファームの面接では、間違ったロジックは否定しますが、正しいロジックはちゃんと通りますので、「圧迫面接」のような理不尽さは一切ありません。

・面接官の評価と自己評価にズレがないか（ロジック・コンサルの理解度）

求職者の側からは、「何が評価されているか」はとてもわかりづらいです。特に、選考序盤は、なおさら何が評価されるのかはわかっていません。

「面接官が明るい表情で大きく頷いていたため、候補者は『納得してもらえた』と思って意気揚々と『面接はよくできました！』という感想を伝えてきたものの、内容をファクトベースで確認するとロジックがいまいちで、面接の結果もお見送りだった……」

「面接官が無表情・無反応で、候補者が何をどう話しても面接官は淡々としていたため、候補者は『面接は全然ダメでした……』と明らかに意気消沈しているものの、内容を確認するとロジックはしっかりと通っていて、後日面接通過の連絡がきた」

これはどちらもよくあるパターンです。

いずれも、ファームが面接で見ているポイントを、求職者が正しく理解できていないために起こることです。ファームの評価と求職者の自己評価がズレてしまっています。

このズレは、選考の序盤は仕方ありませんが、早めに改善しなければなりません。改善しないと、求職者は「どのような回答が面接で評価されるのかわからないまま面接を受ける」ことになり、面接通過が運任せになってしまいます。面接官が期待している内容を狙って話せるようになるために、面接内容をファクトベースで確認し、求職者の自己評価と実際のファームの評価のズレを修正していきます。振り返りは不可欠なのです。

面接の振り返りによるこのズレの修正は、もちろんケース面接でも同様に行います。

このズレを修正することで、より一層コンサルタントの考え方の理解が深まります。

書き出す内容の例

面接官：
自己紹介をお願いします

自分：
（自分が答えた内容をそのまま書き出す）

面接官：
なぜコンサルタントになりたいんですか？

自分：
（自分が答えた内容をそのまま書き出す）

面接官：
なぜ転職を考えているんですか？

自分：
（自分が答えた内容をそのまま書き出す）

チェックするポイント
- **質問と回答にズレがないか**
- **回答内容がロジカルか**
- **ファームの評価と自己評価にズレがないか**

急かされても、面接を受けるペースは崩さない

――振り返りの時間を取らないと一気に全滅の恐れも

面接の振り返りとセットで意識すべきなのが「面接を受けるペース」です。面接を次から次へと毎日のように受けていては、十分な振り返りを行うことができません。ひとつの面接が終わったら、次の面接との間を少なくとも1~2日くらいは空けるといいでしょう。

振り返りが不十分なまま次から次へと受けてしまうと、あっという間に全滅してしまうこともあります。面接の日程調整は「自分のペースで着実に進めていく」ことがとても大事です。

さらにコンサルティングファームは、**面接と面接の間の成長力**を見ています。前回の面接

を通過はしたとしても、懸念点が次回の面接に申し送りされていて、次回面接ではその懸念点が改善されているかを確認しているのです。ファームのほうから具体的に、「次回の面接までにぜひこの点を改善してきてください」とアドバイスされることもあります。

なぜ私がこんなことをアドバイスしているかというと、ファームの人事部（現場のコンサルタントではない）やエージェントが「次の面接を受けましょう」と急かしてくることがあり、それに惑わされて焦ってしまう人がいるからです。

これが事業会社の中途採用であれば、焦ったほうがいいことも確かにあります。ほとんどのポジションに採用枠の上限があり（経理部門で1名欠員が出たから補充するなど）、採用者が決定した場合、そのポジションは採用をクローズしてしまうからです。しかし、コンサルティングファームは通年採用ですので、焦る必要はありません。選考スピードよりも、自分の対策や準備の状況（仕上がり具合）を優先させたほうが、最終的にオファーを得る可能性を高められます。

ただし、まれに採用枠が限られている場合もあるので、その際は選考スピードを考慮してください。

必ず問題集1、2冊は勉強する

──ケース対策と違い、やったらやった分だけ結果が出る

中途採用の場合、筆記試験が課されるファームは、全体の5割くらいです（新卒は、100％課されます）。その内容も様々で「20代若手候補者には課し、30代以上の候補者には課さない」場合、あるいは「経歴によっては免除となる」場合、「コンサル経験者も含めて全員必須」の場合などがあります。

筆記試験のタイミングは、ほとんどが書類通過後です。筆記試験の内容は、外資経営戦略系ファームも大手総合系ファームも、今は「WEBテスト（WEB適性検査）」がほとんどです。「玉手箱」や「GAB」「TG－WEB」「SPI」などで、受検期間は1～2週間ぐらいです。

以前（2000～2015年頃まで）は、「GMAT」（海外MBAを受ける時に課されま

す）や「判断推理・数的推理」（国家公務員試験で課されます）をベースにした独自問題が主流でしたが、今ではこれらを課しているところは、ごく一部のファームのみです。

ケース対策は、人によって成長曲線が異なり、何かのきっかけで突然ブレイクスルーが起きて一気に理解が進んだり、逆に停滞期が長くてなかなか成長を実感できなかったりします。一方の**筆記試験対策は「勉強」なので、やったらやった分だけ必ずいい結果が出ます。**

対策は、必ず問題集を1、2冊くらいやってください。中途採用で「新卒の時は得意でした！」という人も、当時から数年（人によっては10年以上）は経っていますので、何も対策せずに受けると、思っていた以上に頭が回らなくて解けずに落ちてしまいます。このような人をこれまでたくさん見てきました。

新卒時に得意だった人は、書類が通過して筆記試験の案内が来てから「短期集中」で勉強したほうが効率はいいです。一方、新卒時に苦手意識があった人は、書類作成やケース対策などの準備を始めた頃から、少しずつ勉強してください。その上で、受検直前にさらに集中して勉強します。

コンサルティングファームの通過基準点は、おしなべて事業会社よりも高いですが、しっかりと対策を行えば行うほど、通過の可能性を高めることができます。

年収交渉は「給与テーブル」を前提にする

――あまりに高い要求は「お見送り」のリスクあり

最終面接に合格したら、いよいよオファーレター（内定通知書）に承諾のサインをする段階です。この「オファーフェーズ」（オファーから最終検討、入社の意思決定をするまで）にも注意すべきことがあります。

オファーフェーズでは、最終面接の合格連絡と併せて「選考の感想と志望度」「他社状況」「入社可能日」「現在年収」「希望年収」「懸念点」などを確認されることが多いです。これらの確認が終わると、オファー承認プロセスを経て正式なオファーとなり、オファーレター（内定通知書）が発行されます。

もしくは、最終面接前にこれらをあらかじめ確認され、最終面接合格と同時にオファー承認プロセスに入るファームもあります。

ただし、ごく稀に（本来は決してあってはならないことですが）「最終面接は合格したもののオファーの承認がおりなかった」ということがありますので、正式なオファーレターが発行されるまでは予断を許しません。先走って退職交渉を進めたりしないように注意が必要です。

・年収交渉：タイミングと有効な交渉材料を知れ

オファー年収の交渉は、このタイミングで行います。ファームによっては、承認後にオファー内容を変えることができないところもあるので、年収交渉はオファー承認前に行ったほうがいいです。コンサルティングファームの年収水準は比較的高いため、交渉しなくても現在年収を上回ることは多いですが、折角の転職ですから、年収交渉は必ず行うようにしましょう。

ただし、各ファームとも「ランクごとの給与テーブル」が存在します。この給与テーブルのレンジをふまえて交渉しないといけません。あまりにも高い年収を希望すると、ファームが獲得を諦めて、採用見送りになってしまうこともありますので注意が必要です。

年収交渉に一番効く材料は、競合他社のオファー内容です。「オファーを出すからにはぜひ来てほしい」とどの企業も思っており、他社のオファー内容が一番気になりますし、承認を得る時の理由付けとしてもうってつけです。このときの交渉材料とするためにも、複数ファームの選考を並行して進めておいたほうがいいです。

なお、現在年収も一応考慮してもらえますが、コンサルティングファームの場合はキャリアチェンジになることが多いため、交渉材料としては弱くなってしまいます（現職が同じ領域のコンサルタントの場合はしっかり考慮してもらえます）。ただし、現在年収がかなり高く、オファー年収との開きが大きくなる場合は「サインオンボーナス（サインアップボーナス）」で穴埋めしてもらえることが多いです。

・意思決定：複数社を比較検討する場合はタイミングに注意

正式にオファーとなり、オファーレターが発行されると回答期限が設定されます。回答期限は1～2週間ぐらいのところがほとんどなので、複数社を比較検討したい場合は、オファーレターが発行されるタイミングを合わせないといけません。各社の面接をうまく調整し、選考フェーズを合わせて並行して進めていく必要があります。オファーレターが出ると時間が限られてしまうので、オファーフェーズの段階から各社の志望度や懸念点、どれくらいの年収が出れば意思決定できるかなどを整理して、最終検討を進めていきます。

オファーが承認されると、オファー面談を実施してオファーレターを求職者に渡すことが多いです。オファー面談を実施しないファームや求職者が知りたい情報が得られない場合は、別途オファー面談やフォロー面談を依頼してみてください。面談の実施は、企業側にとってもウェルカムなので、依頼すると快諾してもらえることがほとんどです。

・もし、転職そのものを迷ってしまったら……：選考の進め方に原因あり

ここまで書いたような進め方が理想ですが、実際は色々悩んでしまう人も多いです。ようやくここまできて悩んでしまうのは、「選考中の情報収集が不十分」なことが原因です。

ファームの理解がいまいち進んでいなかったり、そもそもコンサルティングの理解が深まっていなかったり、自分の考えが整理できていなかったりして、「本当にここでいいのだろうか？」「コンサルタントとしてやっていけるのだろうか？」「そもそも転職していいのだろうか？」という新しい悩みが出てきたりします。

オファーが出るまではオファーを得ることに一生懸命で考える余裕がなかったことが、いざオファーとなると目の前に現実として突きつけられ、それまでには感じていなかった不安や疑問が次々と出てきてしまうわけです。俗にいう「勝ちビビリ」ですね。選考中にファームの理解が深まるような進め方をすることで、ほとんどの人がこのような状況に陥ることを

防ぐことができます。

それでも最終的に悩んでしまった場合、もしかしたらその人はそもそもコンサルタントに向いていないかもしれません。今後のキャリアプランやどのような人生を歩みたいかなどを、改めて考えてみてもいいと思います。

・複数社のオファーで迷ってしまったら：ブランドではなくプロジェクトで選ぶ

最後に、複数のファームからオファーを獲得した場合、キャリア的にどのファームがいいかで悩む人も多いです。正真正銘の「うれしい悲鳴」ですね。

私からお伝えしたいのは、「コンサルタントのキャリアはかかわったプロジェクトで決まる」ということです。ファームの規模やブランドでは決してありません。

コンサルタントとしてのキャリアやスキルは、実際に携わったプロジェクトでのみ得られるものです。長期的に考えて、どのファームならば自分が得たいキャリアやスキルが得られるプロジェクトがあるか、またそれにちゃんとアサインされるかで検討したほうがいいです。

もしコンサルタントの次のキャリアを想定しているのであれば、そのために必要なスキル・経験は何かを考え、それらが得られるファームを選ぶ必要があります。

❼退職交渉

円満退社の王道は「謝り倒す」

――現職の人に「理解してもらおう」と思ってはいけない

退職交渉の進め方には王道があります。それは「謝り倒す」です。決して、自分が辞める理由を「理解してもらおう」とか、辞めることを「認めてもらおう」とか考えてはいけません。「謝り倒して諦めてもらう」が正解です。一見身も蓋もない感じがしますが、もちろんちゃんとした理由があります。

退職交渉で気をつける必要があるのは、日系企業にいる人です。外資系企業に勤めている人の場合は、辞めることに理解を示してくれることが多く、あまり問題になりません。日系企業には、まだ「終身雇用・年功序列」「ムラ社会」が色濃く残っています。ムラ社会では、ムラの住人は、そのムラに忠誠を誓いムラのために尽くします。ところが、会社を辞めようとしている人は、「ムラを出よう」としているわけです。これはもう会社に残る人から見ると「裏切り者」以外の何物でもありません。つまり、辞める人と残る人は「そもそも価値観が異なる」わけです。**辞める理由をいくら説明しても「理解してもらえない」という前提に立ったほうがいいです。**ゆえに、ひたすら「謝り倒す」ことで最終的に「諦めてもらう」と、結果的には円満に辞めることができます。

一方、「なぜ謝る必要があるのか？」という見方もあります。辞めることは憲法で認められていますので（職業選択の自由）、何人たりとも辞めることを止めることはできません。また近年は、企業のコンプライアンス遵守の高まりや、生産性向上のために雇用の流動性を高めることが議論されており、辞めることに寛容な社会になってきています。

もし「なぜ謝る必要があるのか？」とモヤモヤするようであれば、辞めることで発生する引き継ぎや調整など、色々な人に負担をかけてしまうことに対して謝っていると考えてみてください。目的は「円満退社」ですので、そのためにやれることを徹底すると「立つ鳥跡を濁さず」、スムーズに退職することができます。

退職交渉の結果、実際の入社日がオファーレター記載の入社日から後ろにズレてしまうことになっても、全く問題ありません。ファーム側も円満に辞めてきて欲しいと思っていますので、安心してください。

同業者から見た人材紹介会社の選び方

――コンサルの場合、実は大手より中小エージェントのほうが実績豊富

7つのステップを紹介してきましたが、これをたった一人で行うのは、それなりのセルフマネジメント力が必要です。私は、コンサルティングファームへの転職は、相談相手となる人材紹介会社（エージェント）次第で結果が大きく変わると考えています。時間をかけ、ストレスを感じずにサポートしてもらえるエージェントを見つけてみてください。

コンサルティングファームへの転職活動でエージェントを選ぶときの注意点を（私自身がエージェントの人間なのでなるべくフラットに、同業者視点で）書いておきます。

人材紹介会社の種類には、大きく分けて「大手」と「中小独立系」があります。大手の人材紹介会社は営業力の高さから取引する企業数が多く、多くの求人を扱っていますから、営

業職やバックオフィスなどの「多くの求人から選んで転職したい」人に適しています。中小独立系の人材紹介会社は、それぞれが特定の専門領域を強みとしているところが多いので、その領域での転職を考えている人に適しています。コンサルティングファームへの転職を考えている場合は、まずは「中小独立系の人材紹介会社」で「コンサルティングファームへの支援実績があるところ」に登録し、話を聞いてみるとよいです。

その際、**「WEBサイトのコンテンツが充実しているかどうか」**を必ず確認してください。サイトのコンテンツが充実していれば、その人材紹介会社のコンサルティングファームへの転職支援実績は本物と判断できるからです。

人材紹介会社が持つスキル・ノウハウは支援実績に比例するので、本当にコンサルティングファームへの転職支援実績が豊富にある人材紹介会社であるならば、必ず自社WEBサイトのコンテンツは充実させています。人材紹介会社の生命線は、自社WEBサイトから求職者に登録してもらうことです。そのためには、蓄積しているノウハウや独自の情報、求人を載せ、求職者に魅力あるサイトにしなければなりません。ゆえに、サイトのコンテンツが充実している人材紹介会社の支援実績は本物といえます。

残念ながら「こういう経歴の人をこのファームに支援しました」という支援実績だけであれば、いかようにも書けてしまうので、このような支援実績だけではあまり信憑性がありません。また、他の人材紹介会社のサイトに載っている情報を真似しているところもあります。このような人材紹介会社は、次のようなポイントを確認することですぐにわかります。このようなポイントに気づいたら、早めに他の人材紹介会社にセカンドオピニオンを求めてみてください。転職活動がかなり進んだ状態から立て直すのは、最初から相談を受けて進めていくよりも難しく、場合によっては取り返しがつかない状況になっていることも多いので、注意してください。

【おすすめできないエージェントの行動】

・紹介される大手ファームが限られている

有名な大手ファームで、紹介されていないところがある場合は要注意です。すぐに受けられない理由を確認しましょう。理由が納得できない場合は、即、他の人材紹介会社にセカンドオピニオンを求めましょう。

・短期間で転職させようとする

早く応募させようとする。焦らせるような言動をしてくる。面接を次から次へと調整しようとする……など、進め方に疑問を生じたら、都度その理由を確認しましょう。納得のいく回答がなければ要注意です。

・書類の添削をしない

添削がない場合はお願いしましょう。お願いしてもこの書類でいいと言われたら、なぜこれでいいのかを確認しましょう。明確な理由が返ってこなければ要注意です。

・面接対策をしない

まず、面接対策をしてくれるのかを確認し、してくれる場合はその方法を確認しましょう。場合によっては、志望動機についてその場で確認してみましょう。納得感のあるアドバイスがなければ要注意です。

・話の内容に納得感がない

とにかく納得いくまで確認しましょう。確認方法は至って簡単で、「なぜですか？」「どうしてですか？」を繰り返すだけです。納得感がない時は要注意です。

もし今のエージェントがイマイチだと思ったら、躊躇なくエージェントを代えてみてください。エージェントも人間ですので、どうしても求職者との相性もあります。

代える時は、別の人材紹介会社に登録してセカンドオピニオンを依頼したり、同じ紹介会社に「別の人とも話をさせて欲しい」と希望したりしてみてください。転職活動は長いお付き合いになりますので、ストレスなくやり取りできるエージェントと進めたほうがいいです。「今の担当者に申し訳ないな……」と思うかもしれませんが、気にする必要はありません。担当している求職者から、「他のエージェントと話をさせて欲しい」「他の紹介会社にお世話になることにしました」といわれたりすることはままあります。私も正直なところは「辛い」ですが、おそらくほとんどのエージェントは経験があり、このような経験があるからこそ「もっとがんばろう！」という気になります。

なお、あくまで転職活動を行い、実際に転職をするのは求職者本人であることは、しっかりと自覚しておいてください。初めのほうはエージェントに色々とガイドされつつも、後半は自ら主導権を握るぐらいの勢いで、エージェントを使い倒すといいと思います。

自分の考えや興味、準備内容などに対して、エージェントの意見やアドバイスが欲しい時は積極的に連絡しましょう。返事に対してさらに気になることは、再度確認しましょう。しっかりと対応するエージェントは、迅速かつ的確な返事があり、必要に応じて打合せも行います。もし返事が遅れても、ちゃんとしたエージェントの回答は的を射ているはずです。

アフィリエイトサイトは「話半分」で見る

最近は転職・就職活動の際にアフィリエイトサイトや口コミサイトで情報収集する人が多いです。とても参考になる情報がある一方、サイトの特性上、注意点もあります。もちろん有益な情報もありますので、次のような点に気をつけて見るようにしてください。

・アフィリエイトサイト

アフィリエイトサイトのよさは、そのページを見るだけでかなりの情報を得られることです。アフィリエイトサイトはSEO対策が生命線ですので、情報量が多く、しかも読み手が知りたい情報が書いてあります。

注意すべき点は、「記載してある情報を全て信じてはならない」ことです。WEBでは、ステマや誇大・虚偽広告に気をつけないといけないのと同様です。このようにお伝えすると元も子もないように聞こえるかもしれませんが、実際にエージェントが見るとすぐにわかるような間違いや嘘、煽りのような内容があります。アフィリエイトサイトの特性上、SEOに都合の良いキーワードが入っていたり、完全なポジショントークになっていたりします。一般的な商品やサービスの紹介サイトを見る時は、ステマなどには気をつけていると思います。これと同じように、「転職に関するサイトを見る時も、ステマや誇大・虚偽広告に気をつけて見る」ようにしてください。

・口コミサイト

口コミサイトのよさは、何といっても実際の社員から生の情報を得られることです。どのような組織も、外から見るのと中から見るのでは異なることがありますので、中の人から見た情報を得られるのはとても貴重です。

口コミサイトで注意すべき点は、「ネガティブな情報に引っ張られ過ぎない」ことです。これは口コミサイトに限らず、友人や知人から話を聞く時も、どこからともなく風の噂で入ってくる情報も同様です。このような情報はあくまで特定の個人が経験したことや主観です。ゆえに、会社全体が同じとはいえませんし、自分に当てはまるともいえません。一般的に、人間は悪事や不幸な話が好きな生き物です。週刊誌を読むとよくわかるかと思います。「全ての情報を鵜呑みにするのではなく、適度に取捨選択してバランスよく情報収集する」ように気をつけてください。

第5章

この章では、当社が国内初のコンサルティングファーム専門の人材紹介会社として創業してから26年間、そして私がコンサルティングファームへの転職支援を専門にするエージェントになってから17年間、試行錯誤を重ねてきたケース面接の対策を初めて公開します。ケース対策の本質を理解してください。

完全保存版
ケース面接対策

「模擬面接」の前にやるべきこと

——一歩ずつ、コンサルタントの考え方に「慣れる」

「コンサルティングファームのケース対策として、模擬面接（模擬ケース）はやってもらえるのでしょうか？」

私と求職者との最初の面談のときに、とてもよく聞かれる質問です。「ケース対策＝模擬ケース」と思っている人が非常に多いからでしょう。

この質問をスポーツにたとえるなら、自分が初めてやる競技で「今すぐ練習試合に参加できますか？」と聞いているのと同じです。あるいは初めて触れた楽器で、いきなり演奏したいと言い出すようなものです。たとえを聞くと、どれだけ無謀なことかは、誰でもわかるかと思います。

どのようなスポーツでも、まずは基礎を固めないことには、いきなり練習試合に参加しても何もできませんし何も得ることができません。むしろ、練習試合を行うために、基礎練習をしっかりと行うのではないでしょうか。

これは、ケース対策でも同様で、まずは基本的なコンサルタントとしての考え方をしっかりと身につける必要があります。もちろん私も求職者に対して、模擬ケースを行いますが、その目的は、この基本が身についているかをチェックするためでしかありません。

本書で何度も繰り返していることですが、コンサルタントの考え方は、頭で理解すれば解けるような「受験勉強の知識」のようなものではありません。頭で理解してもプレーはできない「スポーツの習得法」に似ています。つまり、最終的には感覚的なものなのです。ゆえに、コンサルタントの考え方を身につけられるか否かは、決して持って生まれた能力では決まりません。私は、ただの「慣れ」だと考えています。だからこそ、対策に意味があります。スポーツや楽器を新しく覚えるのと同じように、正しい内容を正しい方法でしっかりと練習すれば、誰でもある程度は感覚的にできるようになります。

慣れるために大事なのは**学ぶ「順序」**です。

例えば、水泳。泳げない人に「こうやるんだよ〜」と泳いでいる姿を見せるだけでは、泳げない人にとってはちんぷんかんぷんです（ごく稀に見ただけで泳げるようになるスーパーマンがいますが、このような人は完全に例外です）。まずは水に慣れ↓顔を水につけても怖がらないようにし↓水の中で鼻から空気を出せるようにして↓水の上に身体を浮かせる感覚を覚えさせ↓けのびができるようにして……というように、小さな段階を1歩ずつ踏むことで徐々に泳げるようになります。

私がやっているケース対策も、これと同様です。基礎的な考え方からひとつずつ着実に習得できるよう、超基本から始めてレベルを少しずつ上げています。だからこそ、前述したように「模擬面接をいきなりやる」ということは絶対にありません。

この章を読んで、いわゆる「問題と解答集」を期待していた人や、ロジカルシンキングについて本を読んだことがある人は「こんな基本的なことは知ってるよ！　確認しなくてもいいよ！」と読み飛ばしたくなるかもしれません。でも少し我慢して、読み飛ばさず進んでください。私のこれまでの経験上、ここに書いてある順序で理解したほうが効率的に伸びますし、最終的な面接でも、いい結果を出せます。

ケース対策の全体像

思考法	ケース	身につくインテレクチュアルスキル
レベル6 抽象化思考	より難度が高い ケース	より高い インテレクチュアルスキル
レベル5 ゼロベース思考	より難度が高い ケース	より高い インテレクチュアルスキル
レベル3 商売感覚 ／ レベル4 想像力	売上向上系ケース、 問題解決系ケース	洞察力、 思考スピード
レベル2 分解と構造化の応用 （因数分解、フレームワーク、ユーザーセグメンテーション）	数値算定系 ケース	ロジカルシンキング、思考スピード
レベル1 分解と構造化の基本 （MECE、 ロジックツリー）	数値算定系 ケース	ロジカルシンキング、思考スピード

ケース対策の基本は「分解と構造化」
――MECE、ロジックツリー

「ケース対策の基本かつ重要な考え方は『分解（MECE）と構造化（ロジックツリー）』である」

ケース対策で最も優先すべきことは、この超基本を、強く意識することです。これが、ケース対策を行う上で、小さいけれどもとても大切な第一歩です。

「分解と構造化」はロジカルシンキングのいわば土台で、「ロジックツリー」を作るときの考え方です。考えている要素をMECEに分解し、分解して出てきた要素をさらに分類・整理して構造化するとロジックツリーになります。結論を導き出す場合は、結論がロジックツリーの一番上にあり、理由・根拠が下にツリー状にぶらさがる形になります。

コンサルタントは、常に「分解と構造化」してしまう（もはや無意識にしている）生き物

分解（MECE）と構造化（ロジックツリー）の例

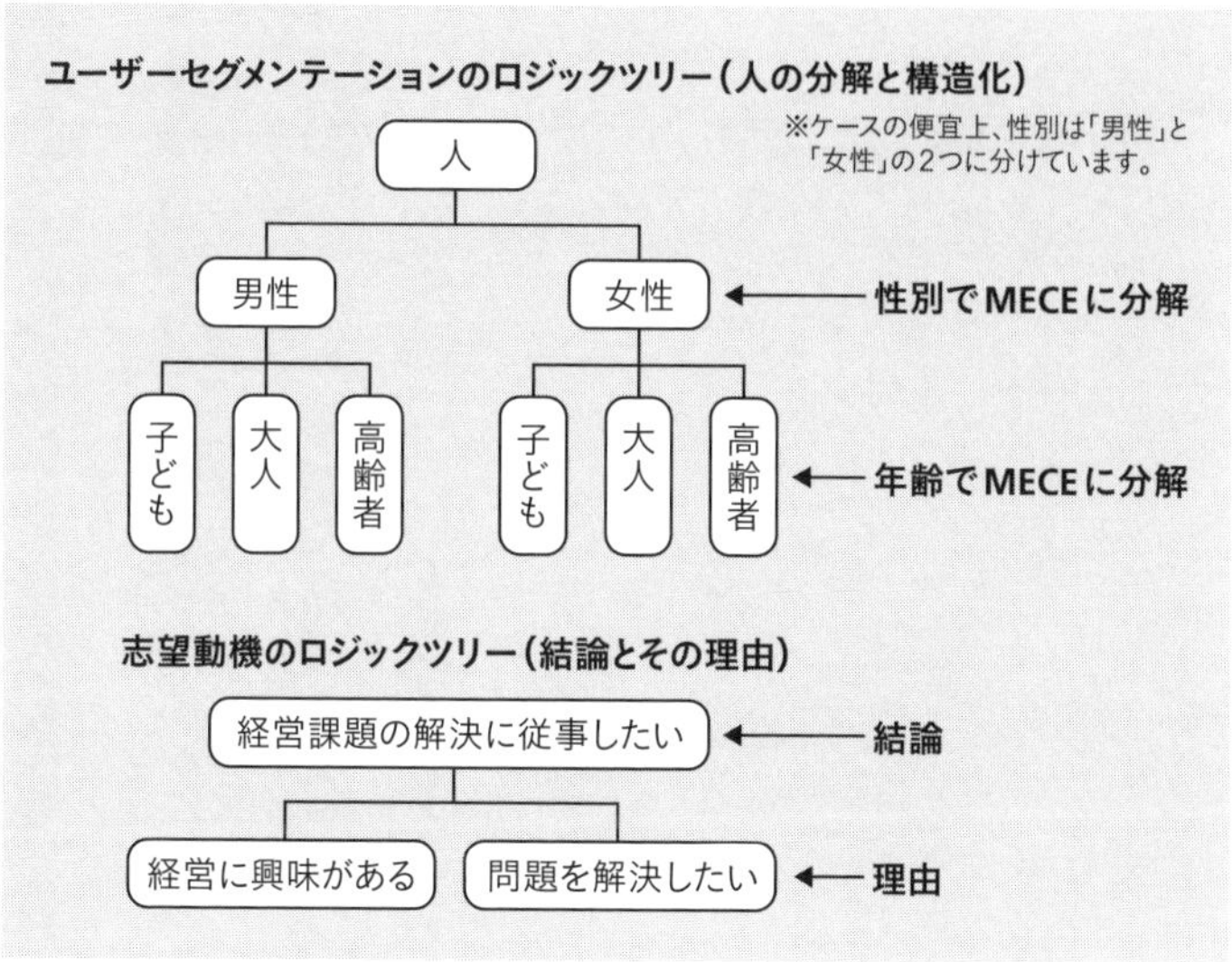

なのです。

本書を読む人はこれらのワードや図を「聞いたことあるよ」「本で学んだから知っているよ」という人がほとんどだと思います。それでも、私がケース面接の冒頭でお伝えしている理由は、「理解」は簡単でも、「実践」できている人が少ないと感じるからです。「知ってはいるし理解もしてはいるけれども、いざとなると、道具としてうまく使いこなせない」状態なのです。

例えば面接後の振り返りで「ケースがうまく考えられませんでした……」という人に対して、私が「まずこれを『分解』するとどうですか？」と指摘しただけで、その後はスルスルッと考えられる、ということがよくあります。

「数値算定系ケース」で分解と構造化を習得する

――因数分解、フレームワーク、ユーザーセグメンテーション

分解（ＭＥＣＥ）と構造化（ロジックツリー）の重要性を意識したら、早速習得していきましょう。習得にあたって知っておきたい思考ツールは次の３つです。

・**因数分解**
・**フレームワーク（枠組み）**
・**ユーザーセグメンテーション**

そして、これらを理解するのに最適なのが「**数値算定系ケース**」です。知識として知らない、すぐにわからない数値（ある商品やサービスなどの売上や市場規模）を算定させる内容です。具体例を見ていきます。

（お題）
日本国内のシャンプーの年間市場規模は？

数値算定系ケースで最初に考えることは、算定したい数値の「**因数分解**」です。因数分解とは、「10＝2×5」のように「ひとつの数」を「複数の数」の「積（かけ算）に分解する」ことです。このケースでは、「年間市場規模」という未知の数値を算定するために、既知の数値になるまで分解していきます（しかし、他のケースではかけ算以外（＋－÷）で分解することもありますので、ただの「分解」もしくは「数値を分解」と記載します）。

算定したい数値は「シャンプーの年間市場規模」です。「市場規模」の単位は、「金額（円）」ですから、市場規模を算定するためには「量（ミリリットル）」と「ミリリットルあたりの単価（円／ミリリットル）」の積に因数分解できます。つまり、「シャンプーの年間市場規模」は、まずは大きく次のように因数分解できます。

シャンプーの年間市場規模（円）＝年間総使用量（ミリリットル）×単価（円／ミリリットル）

次に、因数分解して出てきた数値をさらに因数分解していきます。「年間総使用量（ミリリットル）」を算定するため、「一人あたりの年間総使用量（ミリリットル／人）」と「人口（人）」に因数分解し、さらに「一人あたりの年間総使用量（ミリリットル／人）」を、「一回あたりの使用量（ミリリットル／人／回）」と「年間の使用回数（回）」に因数分解します。その結果、「シャンプーの年間市場規模」は、次のように因数分解できます。

シャンプーの年間市場規模（円）
＝年間総使用量（ミリリットル）×単価（円／ミリリットル）
＝一人あたりの年間総使用量（ミリリットル／人）×人口（人）×単価（円／ミリリットル）
＝一人一回あたりの使用量（ミリリットル／人／回）×年間の使用回数（回）×人口（人）×単価（円／ミリリットル）

以上の「因数分解」により「シャンプーの年間市場規模」をパッと考えて答えることはできなくても、因数分解して出てきた各数値から、値を算定することができます。

繰り返しになりますが、ここで「シャンプーの市場規模がいくらか」を覚えるのは本質ではありません。数字が予測できるところまで因数分解を繰り返して考えることが大事です。

因数分解の式は、必ずイコール（＝）が成り立ちます。つまり、ＭＥＣＥの状態です。また、複数回行うことでロジックツリーにもなります。

数値算定系ケースを考えるときの2つ目のポイントが「**フレームワーク**」です。フレームワークとは、「考えた内容を整理する」ための「枠組み（フレーム）」のことです。「分解して出てきた要素を整理するための箱（枠組み）」ともいえます。ゆえに、フレームワークは、同じ階層の要素をＭＥＣＥに整理することができます。

この箱（枠組み・フレーム）を、うまく使うことで、思考のモレやダブりをなくす（思考の幅を出す）と同時に、整理してわかりやすく相手に伝えることができるようになります。

例えば、「売上＝利益＋コスト」というよく見る式も、フレームワークのひとつです。

これを「フレームワーク」というと仰々しいと思う人がいるかもしれませんが、「考えた内容を整理する枠組み（フレーム）」であれば「フレームワーク」と呼んでかまいません。

他には、「ヒト・モノ・カネ」「産・官・学」「心・技・体」「都市・郊外」「東・西・南・北」……と、日常の中で使う言葉の中にもたくさんフレームワークが存在します。普段何気なく使っていた言葉も、フレームワークという視点で捉え直すとMECEであることに気づきます。こうした「切り口」や「箱（枠組み）」を数多くストックしておくことで、「思考の漏れ」を防ぐことができ、かつ「分解と構造化」をより早く正確に考えることができるようになります。

経営学で登場する「3C（Customer〈市場〉、Competitor〈競合〉、Company〈自社〉）」や「4P（Product〈商品〉、Price〈価格〉、Place〈流通チャネル〉、Promotion〈広告・販売促進〉）」、「バリューチェーン」などのフレームワークも使い方は全く同じです。こうしたフレームワークを「勉強」してしまうと、つい「フレームワークありき」で考えてしまいますが、あくまで「考えた内容を整理する枠組み」であることを意識してください。

前述した因数分解だけでもざっくりした値を算定することはできますが、もう少し精緻に数値を算定するために「人（ユーザー）」に着目してグループ分けしていくのが3つ目のポイントです。これを、**「ユーザーセグメンテーション」**といいます。

例えばシャンプーの場合。「一人一回あたりの使用量」といっても、人によって違いますよね？　ここを、さらに分解して、詳しく考えていくわけです。

では、「一回あたりの使用量」に影響を及ぼすセグメント（グループ）は何でしょうか？

「一人一回あたりの使用量」は、洗う髪の長さや量に比例すると考えられます。

髪の長さは、一般的には男性よりも女性のほうが髪が長い人が多いので、**「性別」**で異なると考えられます。また、生物学的に加齢により髪の量は増減するので、**「年齢」**によっても変わると考えられます。

ゆえに、次のようにセグメンテーションしてみます。

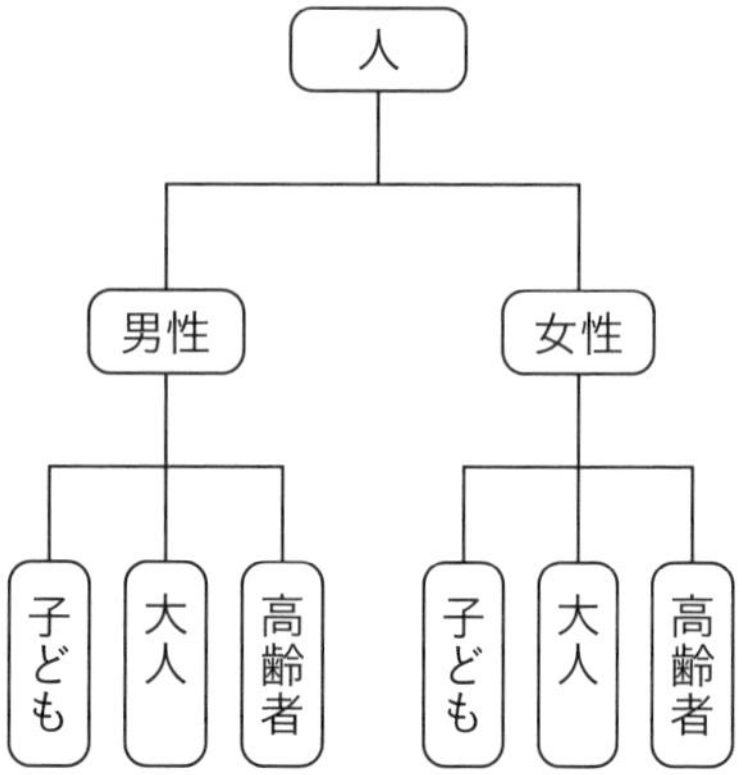

このようにユーザーセグメンテーションができたら、「一人一回あたりの使用量」「年間の使用回数」「人口」「単位」それぞれの数値をセグメントごとに置くことで、漠然と「人」を対象に考えていたときよりも、より精緻に考えられるようになります。なお、左図の計算はかなりざっくりしていますが、まずはこれくらいのざっくり感でOKです（それでも実際の値とあまり変わりません）。

「日本国内のシャンプーの年間市場規模」算定例

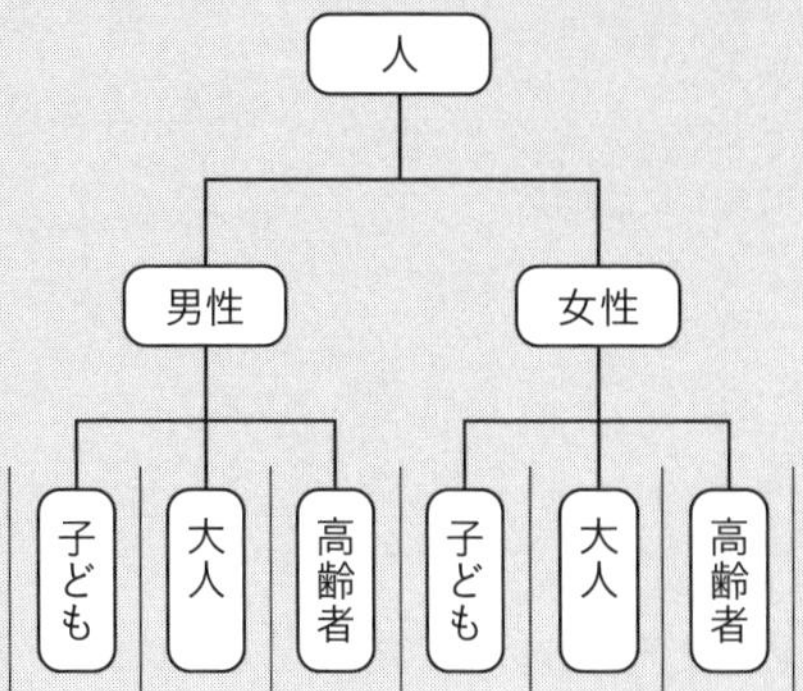

	男性・子ども	男性・大人	男性・高齢者	女性・子ども	女性・大人	女性・高齢者
1回あたりの使用量（ミリリットル）	3	3	3	6	6	6
年間の使用回数（回）	360	360	180	360	360	180
人口（万人）	1500	3000	1500	1500	3000	1500
単価（円/ミリリットル）	1	1	1	1	1	1

上記を算定すると約1700億円

2022年の国内シャンプー市場規模：1870億円

（株式会社富士経済調べ）

（値の補足）

・1回あたりの使用量：3ミリリットル＝1プッシュ

・人口分布：子ども（0～19歳）、大人（20～59歳）、
高齢者（60～79歳）
平均年齢79歳で一様に分布、男女比5：5と仮定

・単価：500ミリリットル入り500円と仮定

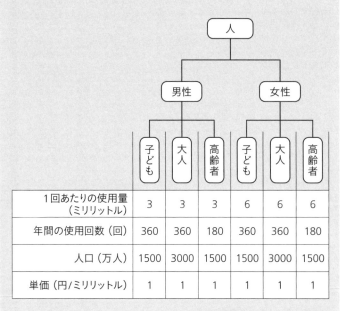

「売上向上系ケース」の壁を超える

——単に「因数分解」するだけでは、打ち手が思いつきになってしまう

「数値算定系ケース」をある程度考えられるようになったら、次にぶつかるとても大きな壁が**「売上向上系ケース」**です。

長年多くの求職者を見てきましたが、この壁は本当にとても高いです。

壁をなかなか乗り越えられない人には特徴があり、そのほとんどは「ケースの答え（正解）を出そうとしている人・探している人」です。

私がケース対策をしていると、このような人はすぐにわかります。答えを出すことに意識が向いているので、売上をある程度分解したら、すぐに打ち手（正解）を答えようとします。さらに、「解答例をください」といってきます。

結果、当たり前ですが、**打ち手はどれも「思いつき」になってしまいます。要は、知識や**

経験に頼った打ち手しか出てきません。知識や経験に頼って考えた打ち手は理由（根拠）がないので、ファーム側の評価は低くなり、なかなか面接を通過することができません。では、典型的な「壁を超えられない人」の考え方とはどんなものか。悪い考え方を使って説明していきます。

（お題）
新幹線の売上を上げるには？

✕

（悪い考え方）
新幹線の売上をまず大きく分解すると、次のようになります。

新幹線の売上 ＝ 運賃売上 ＋ 販売売上

次に、「運賃売上」と「販売売上」をそれぞれさらに因数分解します。

運賃売上　＝　乗客数　×　運賃単価

車内販売売上　＝　乗客数　×　購入率　×　購買単価

車内販売はお弁当やお土産などから構成されるものですが、「購入率」と「購買単価」を考慮すると「運賃」と比較して少額なので、ここでは「運賃売上」を考えることにします。そこで、「乗客数」をさらに因数分解すると次のようになります。

乗客数　＝　**新幹線の総座席数**　×　**乗車率**
　　　　＝　**1編成の座席数**　×　**編成数**　×　**乗車率**
　　　　＝　**1両の座席数**　×　**1編成の車両数**　×　**編成数**　×　**乗車率**

以上から、打ち手を次のように検討します。

・1両あたりの座席数を増やす
現状の普通席でも十分スペースはあるので、さらに席の間隔を詰めて1両あたりの座席数を増やしたエコノミー席を用意。狭くなるので単価は下がるが、座席数が増えるのでトータルの運賃売上は増やせると考える。
・1編成の車両数を増やす
ホームを増改築する必要があるので、難しいと考える。
……

売上の分解ができている点では、レベル1の「数値算定系ケース」であれば、この考え方で問題ありません。

しかし、「売上向上系ケース」の場合、今あなたが向き合っているのは「売上を上げたいと思っている」というクライアントです。このような知識や経験に頼った打ち手、ある程度勉強した人ならいえるようなアウトプットを、クライアントが本当にコンサルタントに期待しているものでしょうか？　答えは「ノー」です。書籍を読んだり、WEBで検索したり、それこそAIに聞いたらもっといいアウトプットが得られそうなものを、わざわざお金を払ってまでお願いしません。

そもそもクライアントの経営層は極めて優秀です。業界や自社の知見も豊富に持っています。それでも、クライアントがコンサルタントに依頼する背景としては、「コンサルタントにしか出せない、これまでになかった新しいアウトプット」を求めているからです。機械的に「ケースの答え（正解）を出そうとしている人・探している人」は、まずはそもそもの考え方から見直してみてください。

では、ケース対策の大きな壁である「売上向上系ケース」をどのように考えるか。私は求職者にまず**「商売感覚を持ってください」**と伝えています。

コンサルタントの仕事は、クライアントの売上を向上させる、あるいはコストを削減させること。要は、利益を上げさせる（儲けさせる）ことです。根本に立ち返り「もっと儲けるにはどうすればいいか？」と考えるのです。

「儲けるには」というと少し抵抗がある人は、身近な商売を始めることや何かしらの露店を出すことを想像してみてもいいと思います。机上の空論ではなく、自分が経営者で、1円でも多く利益を残したい、という視点で考える。これがまさに、商売感覚です。

例えば、「晴れた日にあなたはビニール傘を10本持っています。1本いくらでもいいので全て売ってきてください」といわれたらどうでしょうか？

私が普段の対策でこのような身近なお題を出すと、求職者の人の思考は突然変わり始めます。いわゆる「経営学や大企業の事例にあるような知識から答え（正解）を出そう」という考え方は通用しないと理解して、「どうやったら売れるか」を求職者自らが「自分の頭で考える」ようになるのです。

「自分の頭で考える」ことこそが、コンサルタントとしての考え方です。「答えを出そう」ではなく、「どう考えるか？」を強く意識してください。そのために必要となるのが「商売感覚」です。

「売上向上系ケース」の目的は、名称そのまま売上を向上させる打ち手を考えることですが、そのためには、「売上が上がらない原因」を考えなければなりません。原因を特定できれば、打ち手（解決策）を導き出すことができます。

では、「売上向上系ケース」において、「売上が上がらない原因（あるいは原因に至る複数の要因）」はどこにあるのでしょうか？

さきほどの新幹線のケース＝悪い例では、売上を分解して出てきた数値に対して打ち手を考えています。これらの数値は「売上が上がらない原因」でしょうか？

違いますよね。どうも、売上を分解しただけでは、原因は特定できそうにないですね。

ケースを考えるときの基本として、分解と構造化はしなければなりません。売上を分解することは重要です。しかし、**売上を分解してわかるのは、あくまで「打ち手の方向性」であり「本質的な原因」ではない**のです。本質的な原因は別のところにあります。

ここが、レベル1の分解と構造化だけで考えられる「数値算定系ケース」と、「売上向上系ケース」の一番の違いであり、難しいところです。「売上向上系ケースには大きな壁がある」と書いたのは、まさにこの部分なのです。

さて、ここまで読んだうえで、冒頭の「新幹線の売上を上げるには？」というお題に再度向き合ってみてください。打ち手はどう変わるでしょうか？

おそらく自然に「**お客さんは誰か**」という問いが出てきたのではないでしょうか。冒頭の悪い例には「お客さん」側の視点が丸ごと抜けていることに気づいたと思います。ここで考えるべきなのが、レベル2で紹介した「ユーザーセグメンテーション」そして、次のレベル4の「想像力」です。

「観察力」「洞察力」をベースにして「想像力」を鍛える

――誰もが見ている日常から独自のストーリーを構築する

「お客さんは誰か」

「お客さんはなぜ買ってくれないのか」

こうした本質的な問いを考えるときに重要なのが想像力です。お客さんのことをどれだけ現実に即して想像できるかが肝になります。


まずは、「ユーザーセグメンテーション」で、お客さんをセグメントごとに分解します。

すると、漠然としていた「お客さん」の「セグメント像」（「性別」「年齢」など）や「利用シーン」などが見えてきます。

そしてお客さんが買ってくれない、あるいは買ってくれる本当の理由を見つけることができるかどうかが、コンサルタントとしての腕の見せ所です。

この時、「その人独自の切り口や視点」が含まれると、他の人とは違う考えをアウトプットしていることにもなります。

では、どうすれば「想像力」を働かせることができるのか。第3章のインテレクチュアルスキルの項目で紹介した**「観察力」**と**「洞察力」**がベースになります。

普段から身の回りに意識を向けて「観察する」ことで色々な情報をインプットすることができ、インプットによって自分の中のファクトが増えると自分なりの考えを作りやすくなります。その結果、自分なりの考えや結論に、独自の切り口・視点（自分なりの気づき）が含まれるようになり、「洞察力」が養われていきます。このような「観察力」と「洞察力」によって、色々と想像力を働かせて考えられるようになります。

観察力による様々な情報のインプットは、想像力の起点であり、とても重要です。クライアントの中には、一般消費者が使用する商品やサービスを提供している企業もありますので、コンサルタントが一般消費者のことや常識的な商品などの知識を持っていないと、クライアントと話にならないのは明らかです。
ゆえに、経営学や過去の事例などの理論や知識を学ぶこともちろん重要ですが、それ以前に世の中の一般常識的なことをしっかりとインプットしておく必要があります。

このような「観察力」や「洞察力」で得られた、情報や気づきなどのファクトをベースにして想像することが、まさに「自分の頭で考える」ことそのものです。
これらのファクトは日頃の生活の中にあり、面接官を含めた多くの人々が知っています。コンサルタントの考え方を習得できると、徐々に**「多くの人が知ってはいるけれども気づいてはいないファクトをつなげた独自のストーリー（自論）を構築する」**ことができるようになります。つまり、「観察力」と「洞察力」を養うことで「想像力」を鍛えることができ、その結果、独自の考えを示すことができるようになるわけですね。インテレクチュアルスキルの習得です。もちろん、これはそう簡単にできることではありません。面接の中ではその片鱗を見せるだけでも十分評価されます。

先ほどの新幹線のお題で考えてみましょう。

（お題）
新幹線の売上を上げるには？

この本を読んでいるほとんどの人が、新幹線に乗ったことはあると思います。新幹線に乗った時のことを思い出しながら、次のように想像してみてください。

「どのようなお客さんが乗っていたか？」
「乗車中に何をしていたか？」
「何かしら不便そうにしている人はいなかったか？」

さらに別の切り口でも想像してみます（ここでももちろんＭＥＣＥを意識して考えます）。移動は、曜日や時間帯によってお客さんが変わりますよね。

「平日だったらどうか？」
「休日は？」

「午前中・日中・夜はどうか？」

ここから「平日は仕事で乗っている人が多かった」とか「休日は家族連れや友人同士、カップルをよく見かける」などという想像ができたのではないかと思います。

さらに考えていくと、「そういえば、大阪出張で朝一番の東京駅発に乗ったら意外にも満席でビックリした」とか「パソコンを開いている人や、デッキで電話している人をチラチラ見かけた」あるいは「夜の東京行に乗ると、お酒を飲んでいるサラリーマンや席をボックス型にしてにぎやかに話している人をよく見かける」などの気づきも出てくるのではないでしょうか。

このように、想像力を働かせながら、実際のユーザーセグメント像や利用シーンなどを現実に即して考えることが重要です。

ケース対策では、必ず考える対象があるので、日頃から身の回りの物事を意識してよく観察することが大切です。観察して得た（インプットした）情報をもとに洞察を行うことで相乗効果が得られます。観察して得た情報が洞察の役に立ち、洞察して得た気づきが観察する上での新しい目のつけ所になります。この経験を相当数蓄積していくと「仮説思考」に至ります。

レベル5　ゼロベース思考

そもそも「考える対象」は何か？

——前提を疑って「思考の幅」を拡げる

ここまでを振り返ると、次の項目について説明してきました。

レベル1・2：「分解と構造化」の基本と応用
レベル3：「商売感覚」の理解
レベル4：「想像力」で独自のストーリーを構築

レベル4までに達すると、だいたいのケースに対して、自分なりに考えてアウトプットできるようになってきます。具体的には、レベル1・2で数値算定系ケースが、レベル3・4で売上向上系と問題解決系ケースが、ある程度考えられるようになるでしょう。ただし、習得にあたりどれくらいのトレーニングが必要かは、もちろん人によって異なります。

レベル5とレベル6は、これまでの考え方の発展形となります。

レベル5では、ケースを考える時の「前提・背景」に関する考え方を紹介します。**「ゼロベース思考」**と呼ばれる思考法に分類されます。

「前提・背景」を考えることは、ロジックツリーを上方向に考える（抽象化する）ことです。このレベルに到達すると、ロジックツリーをこれまで以上に「深く幅広く」考えることができるようになります。

第3章のロジカルシンキングの項目で紹介した

- **なぜ?：下方向に考える（原因・理由・具体化）**
- **他には?：横方向に考える（幅出し）**
- **そもそも?：上方向に考える（グループ化・結論の抽出・抽象化）**

の3つ目に当たる部分です。

また、最初の取っ掛かりが難しいケースにも対応できるようになります。ケースの考え方は自由ですから、前提・背景を自分が考えやすいように置くことができるからです。

「ゼロベース思考」は非常に多岐にわたりますが、ここでは、ケースを考える上でよく使う「前提・背景」に関する3つを挙げます。※

※「前提」と「背景」は、言葉の定義としては異なりますが、ケースにおいては同じようなものとして扱うことをご了承ください。

・そもそも「考える対象」は何か？

・そもそも「誰に対して」アウトプットするのか？

・そもそも「時代背景」をどのように置くか？

ここでは、ひとつ目の「考える対象は何か？」を具体的にみていきましょう。題材は前出の「シャンプー」のケースで考えてみます。

（お題）
日本国内のシャンプーの年間市場規模は？

「シャンプーの年間市場規模は？」と聞かれたとき、あなたはどんな「シャンプー」を想像しましたか？　おそらくほとんどの人は「頭を洗うときに使う洗剤」を想像したと思います。中には、「リンスは含むのか？」や「リンスインシャンプーはどっち？」と考えた人もいると思います。

次にシャンプーを分解していくと、頭を洗う「場面」を想像すると思います。自宅で洗うことがほとんどですが、ホテルや理美容院、はたまたゴルフ場などが出てくるのではないでしょうか。これらを構造化すると、自宅は「個人用」、ホテルや理美容院は「法人用」と考えることができます。ロジックツリーで整理すると次のようになります。

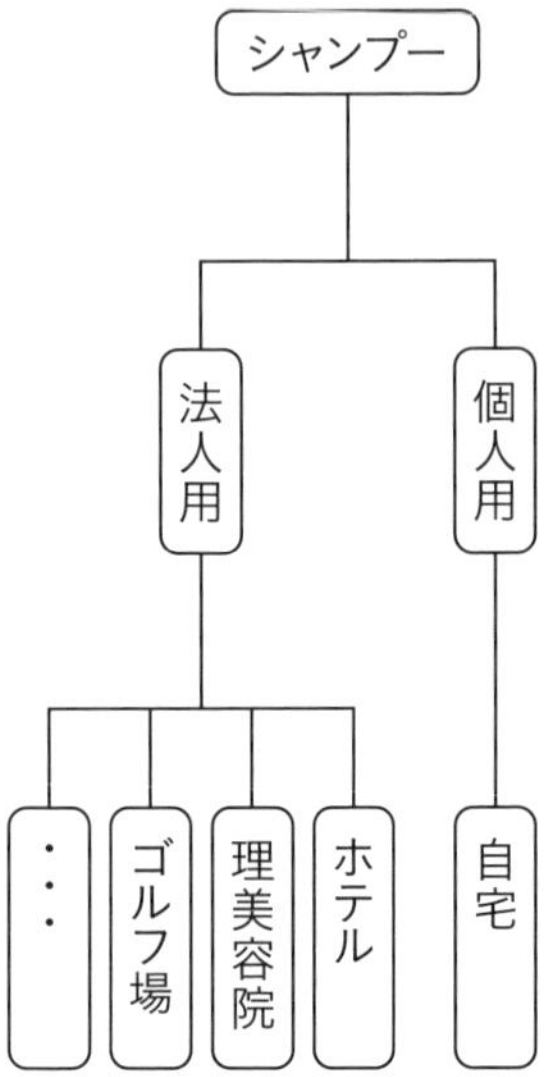

ここで、自分が無意識に立っている「前提」がないかをぜひ考えてみてください。ロジックツリーを眺めながら「自分に問いを投げかける」のです。

右のロジックツリーを眺めながら**「そもそもシャンプーって何だっけ?」**と自問すると、何かに気づきませんか?

個人用も法人用も「人間が使う」ことを前提にしていますよね。シャンプーを使うのは人間だけではありません。近年はペットを飼っている人が多いですし、動物用シャンプーが存在することをほとんどの人が知っていると思います。

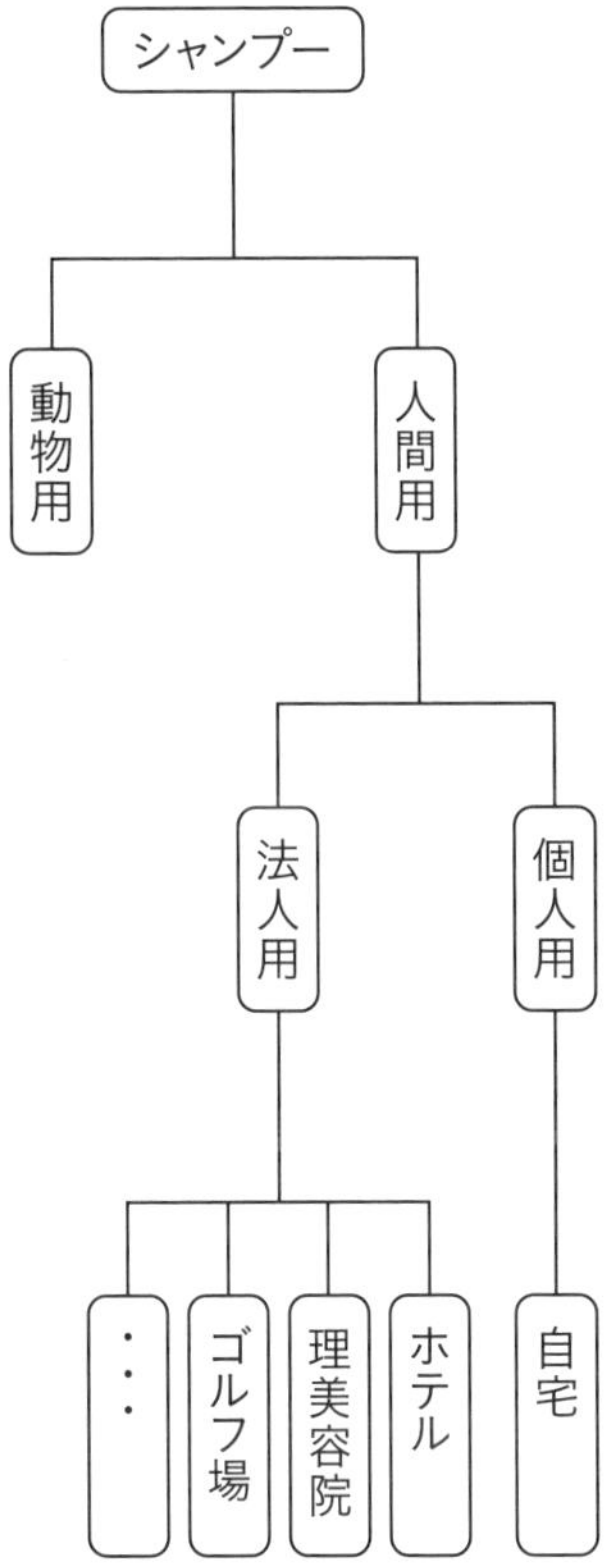

さらに、もう一度同じように考えてみてください。

「人間用」と「動物用」の前提を考えると……。はい、「生物」ですね。そうすると、対を成すものとしては「無生物」でしょうか。「無生物」という言葉は一般的ではなく想像力が働かないので「無機物」としてみます。

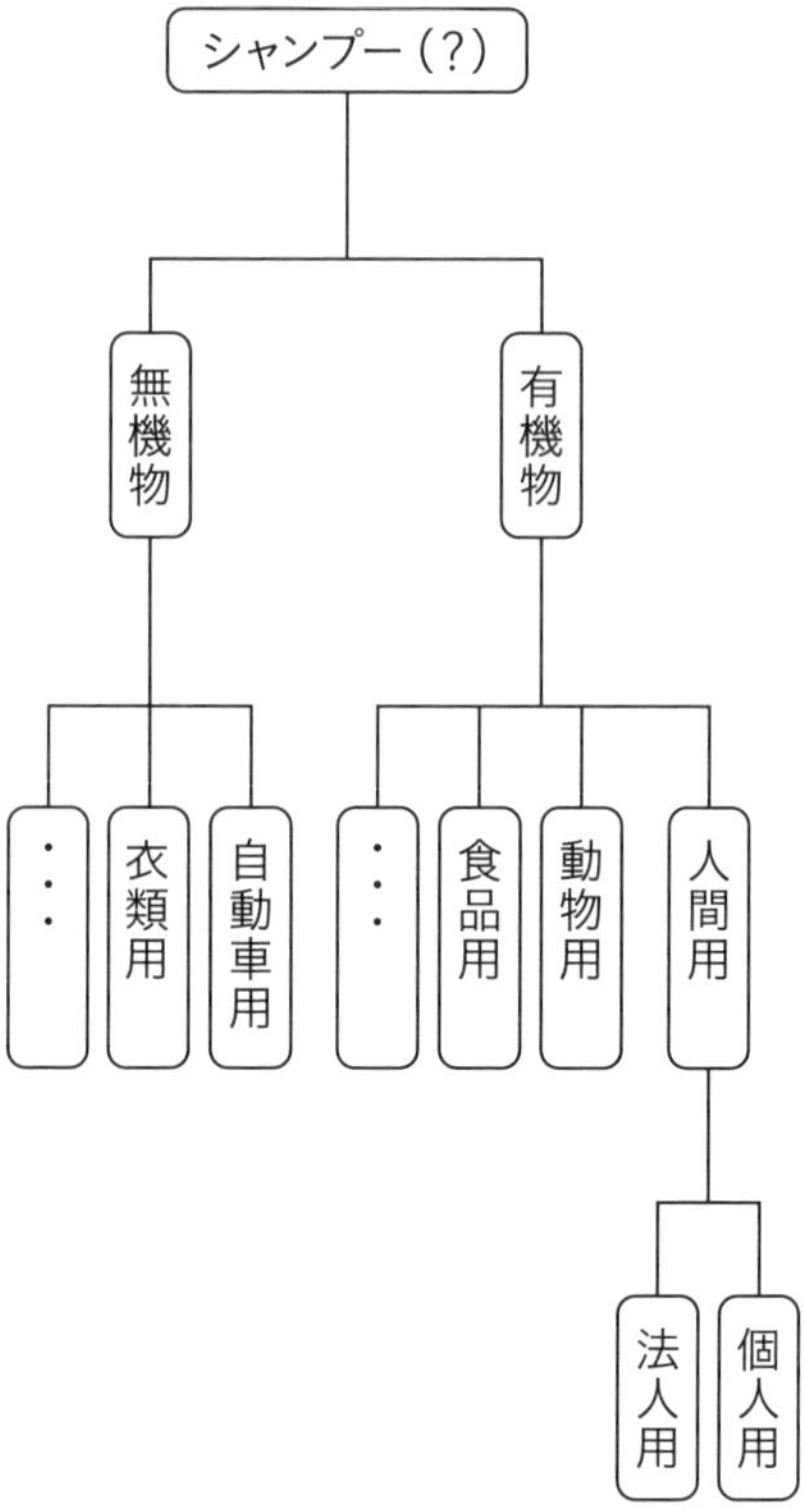

ここで**「シャンプー」という前提を取り払い**、無機物を洗う場面を想像すると、食器や自動車（洗車）、あるいは衣類（クリーニング）などが出てきます。「他には？」とさらに考えてもいいですが、いったんここまでにして戻ります。

「生物」を無機物の反対語の「有機物」と置き換えてみます。有機物を洗う場面としては、人間と動物以外にも食品（野菜や肉、魚など）を洗うこともありそうです。また、ここで「食品を洗うのはなぜ？」とさらに自問してみると、「消毒」や「殺虫」という目的に気づきます。「消毒」は、人間や動物などに付着した菌やウイルスを除去すること、「殺虫」は、野菜などの農作物を害虫から守ることですが、これらも洗うといえば洗う行為といえなくもありません。ここでさらに「消毒という行為は、有機物だけか？」と自問すると、「テーブルを除菌する」など「無機物」も対象になることがわかります。

自分が考えていることの「前提が何か？」を考え、さらに「他には？」「なぜ？」と自問して分解と構造化を繰り返すことで、ここまで自分の考え（ロジックツリー）を拡げることができます。

もちろん実際の面接でここまで考える必要は全くありませんが、ケース対策のトレーニングとして、このような「前提を考えるゼロベース思考」を行うことで、自分の考えをかなり拡げることができます。

トレーニングで、一度このように考えた経験があれば、もしケースが「洗剤」だった場合、面接官と『洗剤』の前提を決めるディスカッション」ができ、自分の考えの深さと幅を示すことができます。

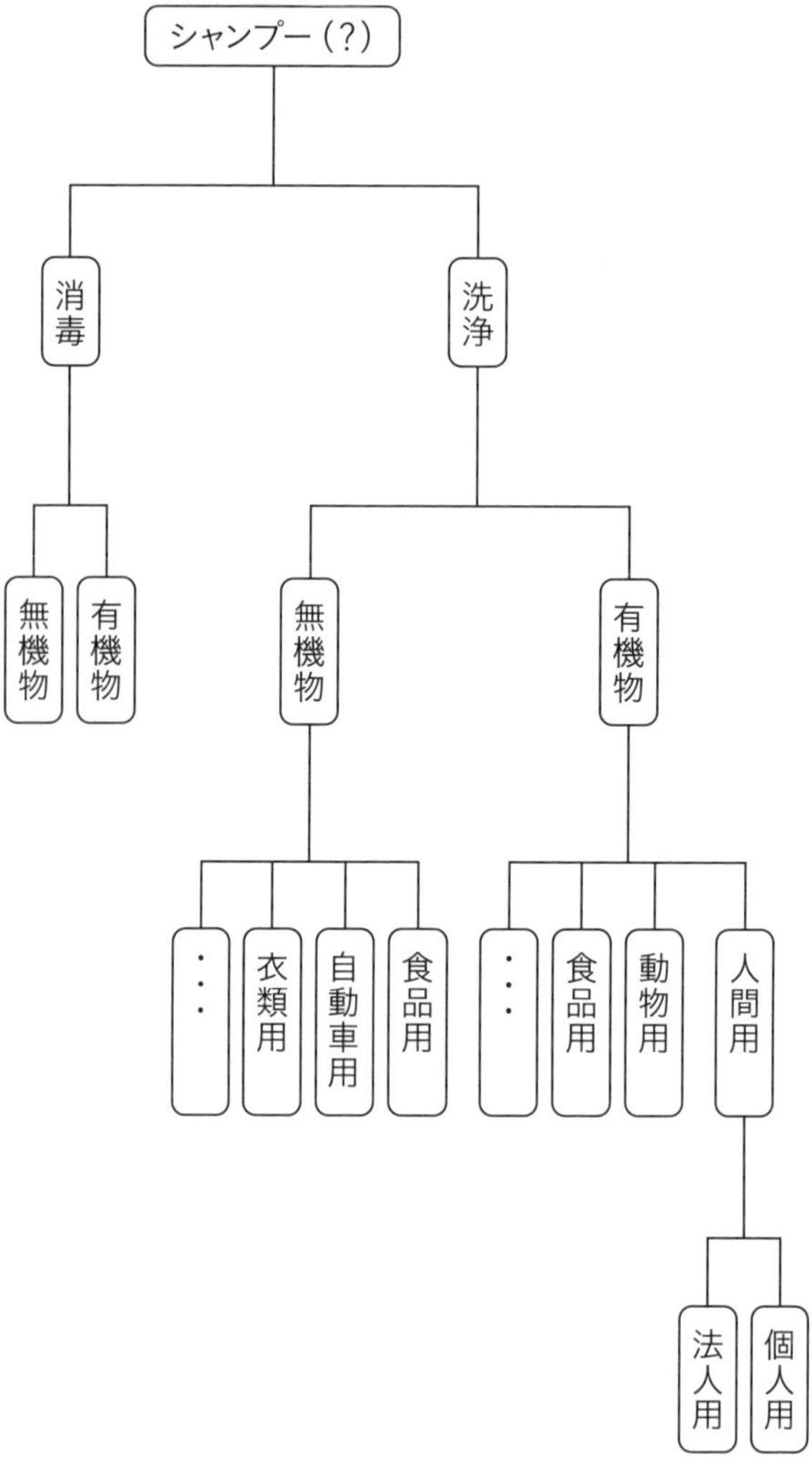
シャンプー（?）
消毒
洗浄
無機物
有機物
無機物
有機物
・・・
衣類用
自動車用
食品用
・・・
食品用
動物用
人間用
法人用
個人用

レベル5　ゼロベース思考

そもそも「誰に対して」アウトプットするのか？

——前提を疑って「思考の軸」を明確にする

先の「そもそも『考える対象』は何か？」の段階では、ゼロベースで前提を考えてみることで、対象をかなり拡げて洗い出すことができました。

ただ、前提を取り払ったため、このままでは「一体何を、どこまで考えればいいの？」という状態になってしまいます。考える「軸」を設定しないといけません。

ここで考えるべき前提は、「誰に対して」です。

面接の中では、自分の立場が「コンサルタント」であることは明確です。では、コンサルタントとして「一体誰に」アウトプットするのでしょうか？

引き続き「シャンプーの年間市場規模は？」を題材に考えてみたいと思います。

（お題）
日本国内のシャンプーの年間市場規模は？

ここで、また自問して、想像してみてください。

「なぜシャンプーの年間市場規模を出すのか？」
「誰が何のためにシャンプーの年間市場規模を必要としているか？」

「ある消費財メーカーの経営層や商品開発部が、新商品を開発するために」もしくは「これからシャンプー市場に新規参入するかどうかを検討している企業が、まずはシャンプーの市場規模を知りたい」のではないか、という場面を想像できると思います。

このような前提を考えることで、これからシャンプーの市場規模を考える上での「軸」を設定することができます。あとは何かしらの条件、理由が設定されれば、今回考えるシャンプーを明確に定義することができます。

例えば、「市場規模が大きいところを狙いたいので、家庭用シャンプーの市場規模を算出する」という感じです。この時の理由づけは、先にお伝えした通り、「まぁそうかもね」と思えるくらいで十分です。ゆえに、「日本の人口は今後右肩下がりですが、ペットの数は今後も増えていく可能性があり、さらにはペットをシャンプーする習慣の定着や頻度はまだまだのびしろがあると思います。そこで今回は、ペット用シャンプーについて考えます」というのもありです。

ただし、この場合は面接官としっかり前提を握っておかないといけません。「シャンプーとは、人間用だけでしょうか？」という確認を行わずにいきなり「ペット用」を考え始めると、「常識がない」と思われてしまう可能性があります。

このように「誰に対してアウトプットするのか？」を明確にすることで、市場規模を算定する時の分解についても「軸」ができてきます。

そもそも「時代背景」をどのように置くか？

――背景を置いて「ディスカッションの自由度」を上げる

「売上を上げるには？」と聞かれたら、多くの人が「今」の経営環境や市況をもとに考えます。しかし、**本当に「今」でいいのでしょうか？**

例えば、「新幹線の売上を上げるには？」を考えている「今」が、ちょうど新型コロナウイルスの流行が全盛だった2020年だったら？　または、リーマンショック真っただ中の2008〜2009年だったら？　おそらく、売上が上がらない原因は、新型コロナやリーマンショックのせいと考えるのではないかと思います。

原因をこのように考えてしまうと、打ち手は、新型コロナやリーマンショックを前提にせざるを得なくなります。「新型コロナによって緊急事態宣言が出ている中で新幹線に乗ってもらうには……」「リーマンショックで企業活動がかなり冷え込んでいる中で新幹線に乗ってもらうには……」という感じです。

これはちょっと無理難題な感じがしますよね。もちろん、ケースの考え方は自由なので、このような前提を置いて考えてもかまいません。しかし、これだけ大きな景気変動要因が存在する場合、この要因を前提としてしまうと考える内容の自由度が下がります。面接でディスカッションできる深さと幅が狭まってしまい、ファーム側は十分に考え方を評価することができなくなってしまいます。

ゆえに、ケースを考える時の時代背景としては、「新型コロナ（あるいはリーマンショック）は考慮しない」という前提を置いてから考えさせることがほとんどで、実際に、新型コロナ（リーマンショック）が全盛だった頃の面接では、考慮しないように指示されていました。新型コロナが収束し始め、アフターコロナが定着してきた頃にようやく「アフターコロナで考えてください」というケースが増えてきました。

このような前提・背景は、面接でケースを考える前に面接官に確認してください。

求職者からは「面接官に確認していいのでしょうか?」という質問をよく受けますが、「必ず確認したほうがいいです」とアドバイスしています。

ケースはあくまでシミュレーションであり、考え方を見ていますから、前提を確認したり、考えやすいように設定したりしたからといって評価が下がることはありません。世の中の動きや時代背景、特に進歩が速いITやデジタル技術などをどのくらいふまえるか(前提とするか)は、自由といえば自由です。

ただし、当然ロジックが通っている必要はあります。ここでも半分くらいの人が「まぁそうかもね」と納得するくらいのロジックがあり、ディスカッションの自由度が極端に下がらなければOKです。むしろはじめにお互いの認識を合わせたほうが、よりディスカッションが盛り上がりますので、確認することをためらう必要はありません。

どうすれば「より深く、幅広く考えられるか」を軸にして取り組んでみてください。

レベル6　抽象化思考

抽象化思考により「全体観」を示す

――「思考が狭くなる」ことを防ぐ

ケース対策（考え方の習得）は、「順序」が大事だと章の冒頭にお伝えしました。レベルでいうと最後に習得するといい考え方が「抽象化思考」です。

「抽象化」とは、ロジックツリーを上に上げていくことです。この点では、レベル5「ゼロベース思考」の「そもそも『考える対象』は何か？」と似ています。レベル6では、抽象化により思考の幅と深さを拡げ、考えるべき範囲の全体像すなわち**「全体観」**を示すことが可能になります。面接官とのディスカッションの自由度も上がります。

ケースにおいては、「全体観」を明確にすることで思考の幅が拡がり、結果として、打ち手が「局所的になる」（特定の一部分だけを考えてしまい、思考の幅が狭いと評価されてしまう）のを防ぐことができます。

具体的に「新幹線の売上を上げるには?」のケースで見ていきます。

（お題）
新幹線の売上を上げるには?

思考プロセス①：「新幹線」を抽象化する

考える対象を抽象化する（ロジックツリーを上に上げる）には、「○○は何に含まれるか?」と考えます。「新幹線は何に含まれるか?」と考えると、「移動手段」が出てきます。新幹線は「移動手段」の一種ですよね（ちなみに、考える対象が曖昧なモノ、定義が明確ではないモノを抽象化する時は、ゼロベース思考の「そもそも『考える対象』は何か?」と問いを投げかけて、まず考える対象を明確に定義します）。

ロジックツリーの幅を拡げて、他の移動手段を考えてみると（他には?）、「飛行機」「電車（在来線）」「バス」「タクシー」などが出てきます。さらに「バス、タクシーは何に含まれるか?」と問いかけて「抽象化」します。これらは「公共交通機関」の一種ですよね。

次に、「公共交通機関」以外の移動手段を考えてみます（他には?）。「自力」という手段もありそうです。加えて「自力」の移動手段としては（具体化）、「自動車（自家用車）」「バイク」「自転車」「徒歩」などがあります。このように新幹線を「抽象化」してみると、お客さんが「移動手段」として使うのは、新幹線だけではないことに気づきます。

思考プロセス②：「移動プロセス」を分解する

ここでケースに戻ります。新幹線に乗るのは「移動」のためであり、「移動」とは「自宅やオフィスなどの出発地点から目的地に移動すること」ですが、新幹線を使うということは「遠方への移動なので自力での移動手段は使わない」と考えられます。つまり、自宅を出てから新幹線に乗るまでにも何かしらの公共交通機関を使うことになるわけです。同様に、新幹線を降りてから目的地に向かう間も、「他の公共交通機関を使う」ことになります。

思考プロセス③：「移動の全行程」から打ち手を考える

ここまでくると、単にお客さんが「新幹線」に乗る理由や乗らない理由だけを想像するよりも、「自宅から乗車まで」、「乗車中」、「下車から目的地まで」の移動の全行程を含めた上で考えたほうが、思考の幅を拡げられることに気づくと思います。ケースの「全体観」が見えてきました。

「移動手段」のロジックツリー

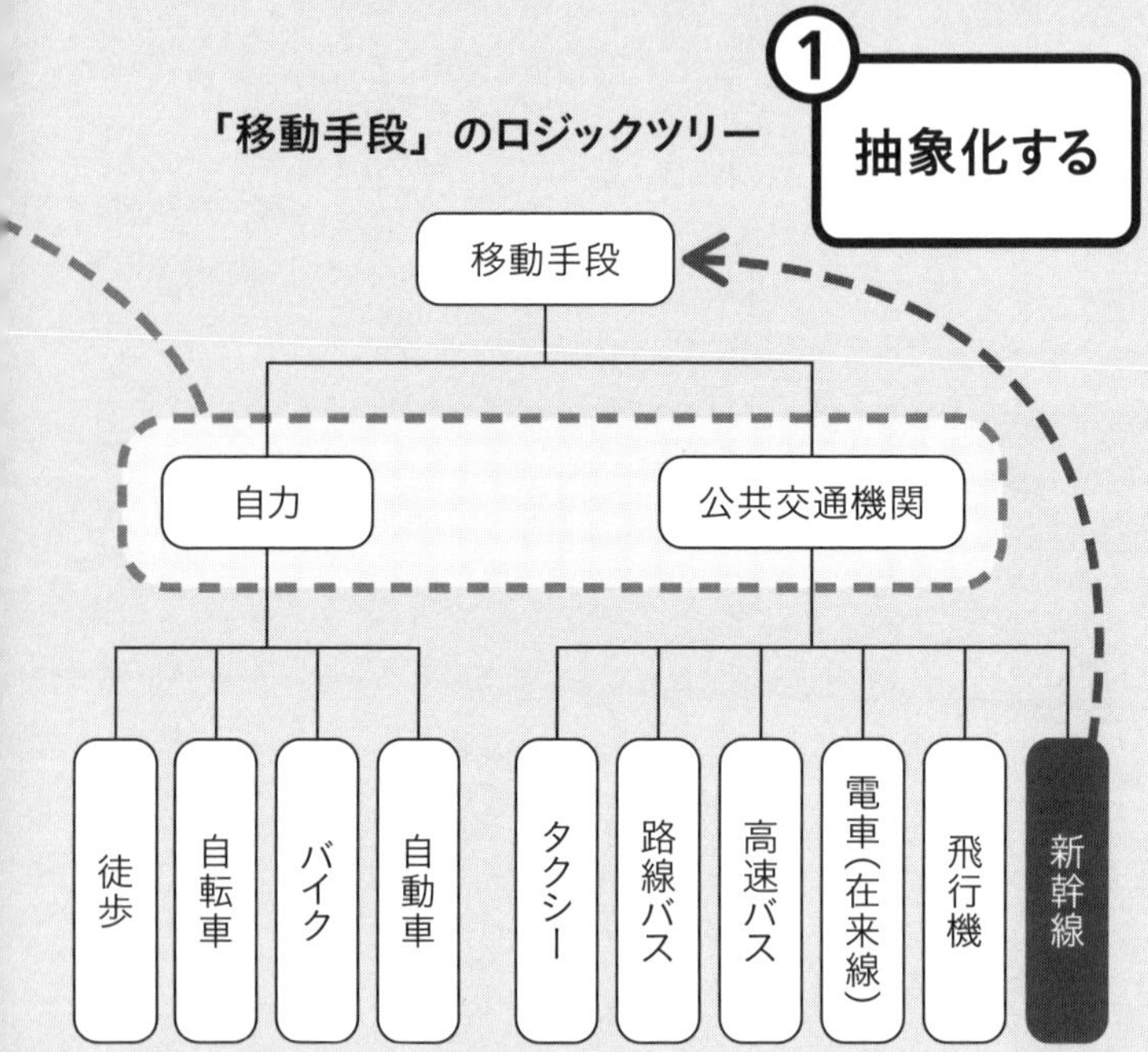

抽象化思考で「全体観」を明確にする

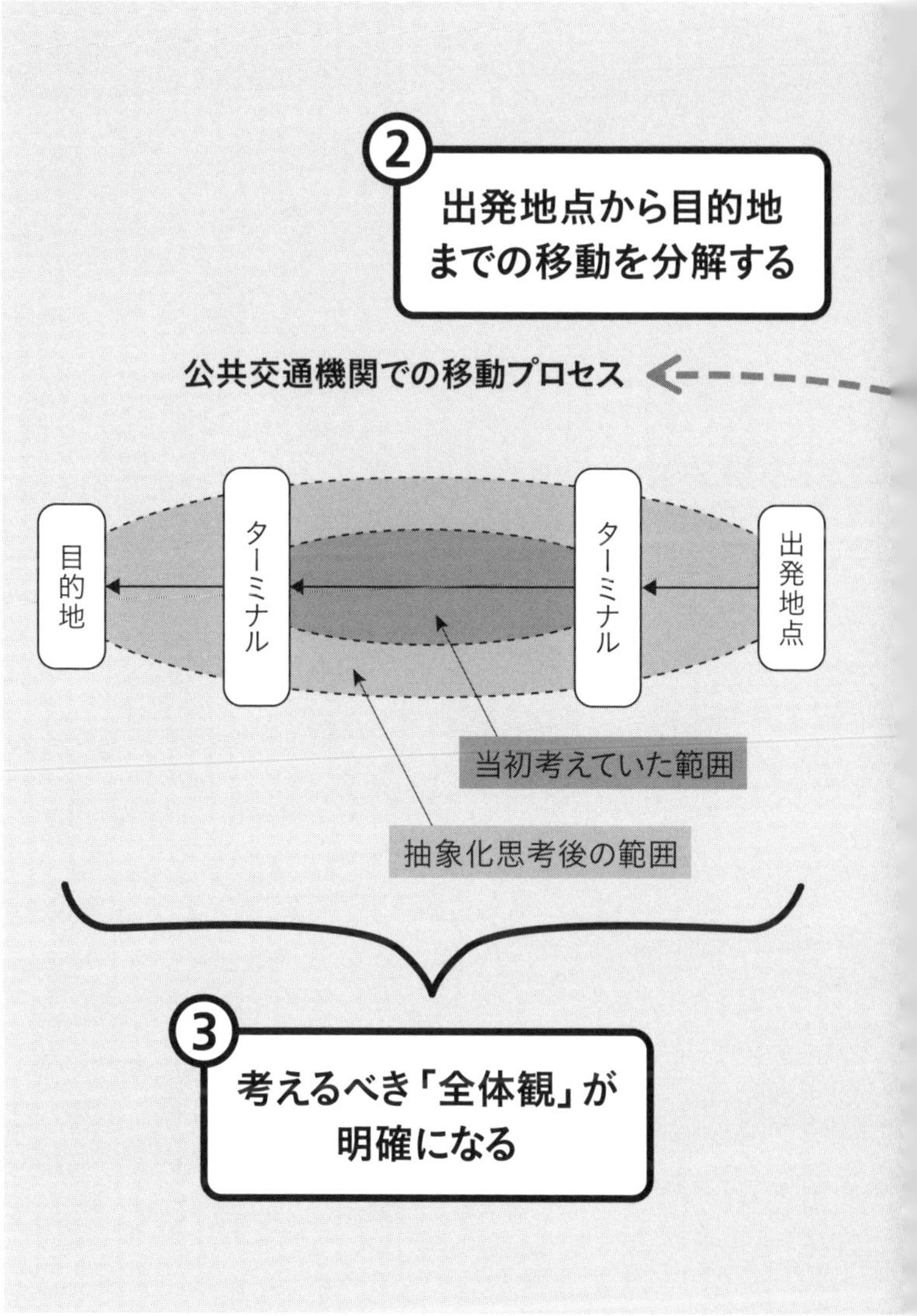

移動中の新幹線だけで想像力を働かせるよりも、移動の全行程で考えることで、自宅から駅までのアクセスのよさや乗車手続きの簡便さ、時間の正確性なども、新幹線の強みとして打ち手に盛り込むことができますね。

例えば、「自宅から目的地までのトータルの移動時間」をお客さんへの訴求ポイントとした上で、「移動中の快適さ」や「利便性」を向上させる打ち手と組み合わせることが考えられます。具体的には、移動中に仕事をしたいビジネスパーソンに、移動中の全ての時間でパソコンを使用できることを訴求し、電源、常時接続可能なWi-Fi、電話やリモート会議が可能な個室ブースなどを提供して利便性を向上させるなどです。お客さんの自宅から駅まで、ドアトゥドアで乗せてくれるタクシーと連携するのも有効かもしれません。

もちろんこれらは決してケースの「答え」ではなく、このような視点で面接官とディスカッションできるといいという一例に過ぎませんのでご注意ください。

ここまで、説明のために詳しく思考プロセスを順になぞって記載しましたが、この考え方に慣れると、「新幹線」から「移動手段」に「抽象化」し、ロジックツリーをトップダウンで構築し、「移動プロセス」を自宅から目的地に分解して、次のようにケースの「全体観」

を示すことができるようになります。

「要は、新幹線は移動手段のひとつなので、お客さんの移動の全行程で考えると、『自宅〜ターミナル（自宅近く）』『ターミナル（自宅近く）〜ターミナル（目的地近く）』『ターミナル（目的地近く）〜目的地』のプロセスに分解できます。

この移動プロセスで新幹線の強みを考えると、『駅までのアクセスのよさ』『乗車手続きの簡便さ』『時間の正確性』……があるので、打ち手はこれらをふまえて……」

ケース面接の限られた時間の中で、このような「全体観」をおさえられるようになるには、かなりのトレーニングが必要ですが、この章でお伝えした「考え方」一つひとつを理解してトレーニングを積むことで、着実に習得することができます。ぜひコンサルタントらしい考え方、話し方を身につけてください。

一人でできる「日常」のケーストレーニング方法

――量を質に転化させよう

ここまで書いてきたケース対策を習得するには、日々のトレーニングが欠かせません。スポーツや楽器と同じで、対策には段階があります。

- **「量より質」の段階：基本を身につけるまでの初期の段階**
- **「量も大事」の段階：基本を身につけた後の思考トレーニングで「量を質に転化する」段階**

「量より質」の段階は、本書が参考になります。これまでの思い込みや間違いを正して、レベル1〜6までをまずは理解し、習得してください。

次に、考える量を増やしていきます。基本を習得したとはいっても、「どうにか考えることができるレベル」では、面接を突破するには力不足です。それぞれの考え方をもっと高いレベルで実践できるようにする必要があります。そのためには、どんなスポーツや楽器も、上達するには練習量が大事なように、ケースのトレーニングにおいても「考える量」が大事です。「兎にも角にも考えること自体が大事」なのです。数多く考えることで、徐々に「量が質に転化」します。つまり、常日頃から問題意識を持ち、何かしらを自分の頭で考えることが極めて重要です。

一人でトレーニングする場合、考える内容（お題）は何でもいいです。新聞やネット、雑誌などのニュースを見て、

「このニュースの核心・結論（最も伝えたいこと）は何か？」

「なぜこのような戦略をとるのか？」

「どのような結果が想定されるか？」

「他社はどのような反応をするだろうか？」

「この次の展開としては何が考えられるか？」

などをロジックツリーで分解・構造化して考えてみる。あるいは、普段使う商品やサービス、街中で見かけたモノについて、「売上や市場規模は？」「それを上げるにはどうすればいいか？」を考える。こうして、次のサイクルを実践していきます。

常日頃からロジカルシンキングを意識して考えることで「観察力」が養われる

↓

観察力が養われると、日頃のインプットが変わる（ファクトが増える）

↓

インプットした情報が増えることで、自分なりの考えを作りやすくなる

↓

自分なりの考えができるようになると、洞察力が身につく

↓

その結果、自身の「想像力」が拡がる

↓

繰り返し考え続けることで、「インテレクチュアルスキル」に昇華される

コンサルタントはこのようにしてスキルを得ていきます。また、慣れてくると徐々に「思考スピード」が上がってきます。

初めのうちは、自分が納得のいく結論を出せなくてもいいです。考えること自体が練習であり、意味があり、効果があります。重要なのは「継続すること」です。スポーツや楽器も練習を継続していれば必ずどこかでコツを掴んでできるようになります。ケース対策も同じで、「考える」ことが重要です。考え続けると「ある時突然、納得のいく結論がフワッと出てきた」という経験をして、コツを摑むことができます。

考える時間についても、初めは意識せずにやってみてください。まだ時間をかけても考えられないのに、短い時間で考えても意味はありません。結局は思考が浅く狭くなり、誰でも思いつくようなことしか出てこないからです。まずは時間をかけて、深く幅広く考えられるようにしたほうがいいです。慣れてきたら時間を意識して、10分以内を目安に必死に考えるようにしましょう。

Column

フェルミ推定の罠

たくさん出ているケース対策本の影響なのか、「ケース面接=フェルミ推定」、と勘違いしている人がとても多いです。しかし残念ながら、ケース対策で「フェルミ推定に傾倒し過ぎるのは危険」です。フェルミ推定とは本書で紹介した「数値算定系ケース」の一種で、ケース対策のごくごく一部でしかありません。

既にコンサルティングファームへの転職活動を行っていて「なかなかいい結果が出ない」と相談に来た人に「どんなケース対策をしていますか?」と聞くと、ほとんどの人がフェルミ推定だけを徹底的にやり込んでいます。やり込んでいるのに面接の結果はよろしくないのですが、これはすでに述べた通り「答えを出そうとしている(要は考えていない)」ことが一番の要因としてあります。

もうひとつのよくある大きな要因は、そもそも考えているお題がいまいちなことです。ビジネス(商売)とは関係がないモノを対象にして、ひたすら考えているパターンです。「電柱やマンホール、蟻などの数を算定する」ようなお題ですね。

コンサルタントの仕事は、クライアント企業の経営課題の解決ですから、必ず何かしらのビジネス（商売）が関係してきます。ゆえに、ケースの中で「経営視点」や「ビジネスセンス」を見るために、ケースのお題は何かしらのビジネスや商売が絡むモノがほとんどです。

また、ビジネスは絡んでいますが、「フェルミ推定から向上策を考える」パターンをケースと思い込んでいる人も多いです。これも対策本の影響かと思います。

その結果、面接の中で、数値算定系と売上向上系のケースは出された瞬間に気づくのですが、問題解決系ケースは出されたことに気づきすらしない人が多いです。

特に多いのは「自社ケース（自分の会社をお題にしたケース）」です。職務経験に関して話している時に、「今の御社の課題は何ですか？」と質問された場合、面接官が期待しているのは、「求職者が自社の課題をどのように捉えているのか？」です。決して、経営層が社員に共有している経営課題の内容を知りたいのではありません。つまり、「自分なりに会社の課題をどのように捉え、どのような解決策を考えているのか？」を話さないといけませんので、ケースと同じように考える必要があります。しかし、ケースと気づかず、つい自社について知っていることをつらつらと話してしまったりします。

第6章

この章では、私がコンサルティングファームに内定した人に、入社前にお伝えしていること、入社後意識しておくといいこと、コンサルタントとしてのキャリア形成で知っておくといいことをまとめました。コンサルティングファームに入社した後の最初の目標は、「一人前のコンサルタント」になることです。まずはそのために大事な立ち上がりの時期でつまずきやすいポイントを前もって知っておきましょう。

「入社1年目から」活躍するために必要なこと

コンサル特有の「オープンなカルチャー」を活用する

――コンサルタントとして最初の1年で「立ち上がる」ために

晴れてコンサルティングファームに入社しても、それはスタートでしかありません。「一人前のコンサルタントになる」ことが目的ですから、まずは入社後コンサルタントとしてしっかりと「立ち上がる」ことが重要です。

コンサルタントの立ち上がりのイメージは、入社してから2～3カ月ぐらいで仕事の内容が「少し摑めて」きて、半年ぐらいで「少し自信がついて」きて、1年ぐらいたつと「基本的なコンサルワークは一人前としてできる」ようになります。

他の業界に比べ、圧倒的に成長スピードが速いです。

長年多くの転職者を支援してきて、ファームのカルチャーやコンサルタントとしての動き方などを知らなかったばかりに、入社後スムーズに立ち上がれずに苦労する人をたくさん見てきました。個人の能力的な問題ではなく、コンサルタントの動き方や仕事に対する取り組み姿勢が、事業会社でのやり方とは大きく異なることが原因です。せっかく面接を突破した高い能力を持っているにもかかわらず、十分にその力を発揮できていないという状況に陥ってしまうのは、とてももったいないです。

特に注意が必要なのは、カルチャーがコンサルとは大きく異なる日系大企業（官公庁・自治体含む）からファームに転職する人です。

繰り返しになりますが、コンサル業界のスピードは圧倒的です。「このギャップに気づくのに1～2カ月かかってしまいました……」という感じでは、貴重な立ち上がりの時期を有効に活用することができません。

私はこのような悲劇をなるべく防ぐため、内定後、そして入社後も担当した求職者の人たちと度々連絡を取り、問題や困ったことがないかを確認するようにしています。恐れる必要はありませんが、**何がこれまでの環境と違うのかをしっかり認識して、よいスタートを切ってください。**

「立ち上がり」で最も大事なのは、コンサルティングファームのカルチャーになじみ、活用することです。コンサルティングファームは、外資系・日系は関係なく、とてもオープンなカルチャーです。ここでのオープンとは、同僚や先輩、上司との間に壁がなく、仕事を行ううえで自由なコミュニケーションができるという意味です。ムラ社会かつタテ割りになりがちな、日系企業のカルチャーとは大きく異なり、社内でのネットワーキングが可能です。

ファームがこのようなカルチャーを共通して持つ理由は、コンサルタントは一人ひとりがプロフェッショナルだからです。プロフェッショナルが同じ目的の下に集まっているのがファームであり、基本的にプロジェクトベースで仕事をしていますので、コンサルタントは組織に属しているという感覚があまりありません。意識しているのは、「自分をいかにしてプロフェッショナルとして高められるか」「より高い付加価値を提供できるか」です。そのためには、色々なコンサルタントと仕事を一緒にして知識や考え方を獲得し、経験やスキルを積んだほうがいいわけです。そのためにも、社内でのネットワークが重要になります。

事業会社の場合は、組織に配属されると(ムラの一員になると)、自然と自分のことを知ってもらえて、他の社員のことも知ることができます。その組織での仕事も自然と覚えていくでしょう。しかし、もし他の組織の社員から質問されたり仕事を頼まれたりすると、自分たちの領分ではないので（他のムラのことなので）、壁を作りがちです。

入社したら、同じプロジェクトのメンバーはもちろん、他のコンサルタントにも積極的に声をかけて、ネットワークを拡げていってください。この「ネットワーキング」がコンサルタントの魅力であり醍醐味でもあります。

そこで、悩みや行き詰まっていることを話してみてもいいです。誰もが以前は新人ですから、同じような悩みを抱えていたことを知ったり、意外なところから解決の糸口が得られたりもします。結果、立ち上がりのサポートを得られるだけでなく、コンサルタントとしてのアセットを築くことにもなります。

入社後数カ月の「ボーナス期間」は失敗しまくれ

――ただし、できないときは「できない」といえるのがプロフェッショナル

コンサルティングファームに入社してしばらくは、とにかく失敗を恐れずに仕事をしてください。特に最初の数カ月はボーナス期間ですので、失敗をしても許されます。この間にたくさん失敗して、多くのことを学んだほうが、結果的に立ち上がりが早くなります。

人は誰しも、初めてやることを最初からうまくできるわけがありません。自転車にしても、水泳にしても、最初は誰でも失敗します。失敗から学んでできるようになっていきます。コンサルティングも同じで、初めてコンサルティングをやる人が、最初から失敗なくうまくできるわけがありません。他のコンサルタントも過去には皆、失敗を経験し同じ道をた

どっています。

失敗から学ぶことはとても多いです。失敗を恐れず思いきり仕事をして、失敗したらしっかりと振り返り次に活かしていけば、間違いなく学びがあり、成長もします。

おそらく多くの転職者が失敗を恐れるのは、事業会社が「失敗が許されないカルチャー」だからだと思います。事業会社の仕事は、組織や業務が細分化されており、マニュアルがありますので、その通りにやれば失敗しないようにできています。そのため、失敗するということは、業務やマニュアルをきちんと理解していなかったり、「うっかり」が原因だったりします。その結果、能力やスキル的な問題ではなく、取り組み姿勢ややる気の問題とみなされることになります。

しかし、「失敗」と「無謀」は別ですので気をつけてください。上から頼まれたタスクを、**どうやればいいかが全くわからないのに安易に引き受けるのは「無謀」**です。**できると思ってやってみたもののなかなか期待通りにできないのが「失敗」**です。

プロフェッショナルである以上、このラインは明確にしておきましょう。頼まれたタスクができそうにないときは、素直に「できない」「わからない」といったほうがいいです。むしろそのほうがマネージャーは助かります。できもしないのに「できます」と安請け合いされた結果、ふたを開けたら全くできていなかった……これだとプロジェクトの進捗に大きく影響し、目も当てられない状況になってしまいます。それよりも、「できない」といわれたほうが、他の進め方を考えられますし、それでも任せたとしても適宜フォローをすることができます。

「できる」「できない」のラインを把握しつつ、失敗を恐れずに難易度が高い仕事に挑戦することで、結果的にコンサルタントは成長していきます。

どっちつかずではなく常に「スタンスを取る」

――「自分ごと」としてアドバイスするのがコンサルタントの仕事

コンサルタントとして、自分の考えやプロジェクトワークでのアウトプットを伝えるときは、必ず「スタンスを取る」ようにしてください。スタンスを取るとは、どんなアウトプットでも「自分ごと」として意見や立ち位置を明確にすることです。

「私は（どっちでもいいと思いますが……）こちらがいいと思います」

とか、ましてや、

「私は、どちらでもいいと思いますので、選んでください」

というような態度では、コンサルタントとして信頼されません。

必ず、

「私はこちらがいいと思います。なぜならば……」

という話し方をしてください。

クライアントがコンサルタントに依頼するのは、（当たり前ですが）何をどうしたらいいのかをアドバイスしてもらうためです。これはただ「打ち手を洗い出してもらう」だけではなく、その打ち手の中から「どれをやるべきかを提案してもらう」ことも求めています。あなたの、プロのコンサルタントとしての提案・意見が欲しいわけです。これに高いコンサルティングフィーを払っているわけですから、あなたは、「他人ごと」としてではなく、「自分ごと」として「こうしたほうがいい」というアドバイスをしなければなりません。

また、このように**スタンスを取っていれば、もし間違えていたとしても、すぐに修正することができます。**

間違っていた場合は、自分の中の何が間違っていたのかをたどることですぐに原因がわかりますので、原因の特定がしやすくなります。どっちつかずだった場合は、すぐに原因が特定できない、もしくは全ての選択肢を洗い直さないといけない可能性もあります。

プロアクティブに動く

――「指示通りやるだけの人」は評価されない

「マネージャーに言われた通りにやったのにダメ出しされます……」

「プロジェクトのスピードについていけません……」

これらは、転職に成功し、コンサルタントとして働き始めたばかりの人から、しばしば受ける相談です。

私からは「コンサルタントになるからには、プロアクティブに動きましょう」とアドバイスしています。プロアクティブとは、「積極的に」「先を見越して」「主体的に」「能動的に」取り組む姿勢をいいます。

特に、経営戦略領域のコンサルティングは、プロジェクトの期間が約2～3カ月と短いことが多いです。プロジェクトの進捗スピードは、事業会社の比にならない速さで進みます。自分がマネージャーからタスクを渡されて作業している間にも、マネージャーの考えはどんどん変わっていき、タスクが仕上がった時には、その時点でマネージャーが考えていることからズレてしまうということも起こります。

また、作業をしている間にプロジェクトの方向性が大きく変わることもあります。自分に与えられたタスクに没頭していて周りを見ていなかったりすると、気が付いた時には、自分の理解が全く追い付いていない、ということもあります。

コンサルティングファームでは、事業会社のような受け身の姿勢ではダメです。プロアクティブに動きましょう。

事業会社では、仕事が細分化されて各部署に割り当てられているので、配属された部署で自動的に仕事が与えられます。そして、与えられたことをこなしていれば問題ありません。受け身の姿勢でも問題なく仕事ができます。

しかし、コンサルティングの仕事はプロジェクト単位です。プロジェクトを完遂するために必要なタスクをメンバーで手分けして行うので、あくまで目的はプロジェクトの成功です。つまり、与えられたタスクをこなすだけでは不十分です。

また、先を見越して考えていて、誰も気づいていないところを見つけたり、他メンバーの手が回っていないところがあれば、自分から発信して周囲に働きかけたり、拾ったりするなど、能動的な立ち振る舞いも推奨されます。

ちなみにこのような行為は、事業会社の場合は得てして「越権行為」と見られがちで、むしろマイナス評価になりますよね……。冒頭のような相談は、事業会社とコンサルティングファームでの動き方の違いを理解しておくことで防ぐことができます。

本来であれば、マネージャーがこのような点もふまえてメンバーをフォローすべきですが、プロジェクトによってはマネージャーに余裕がない場合もあります。コンサルタントの時からこのようなプロアクティブな動きをしていれば、プロジェクトで成果を出せるだけでなく、コンサルタントとしての成長が速いですし、周囲に認められて昇進も速くなります。当然、マネージャーになってからのパフォーマンスも高くなります。

自分の「成果が最大になる環境」を知る

――「知的労働」のプロフェッショナルになれ

コンサルティングという仕事は、知的労働以外の何物でもありません。とにもかくにも「考えてアウトプットする」ことが仕事です。パソコンひとつあればどこでも仕事ができます。文献調査やインタビューなどは、場合によってはパソコンがなくてもできます。

コロナ禍でリモートワークが普及しましたが、コンサルティングファームは2000年代から既にリモートワークが可能でした。当時から既に、プロジェクトで集まる時はもちろん出社しますが、個々人にタスクを振り分けた後の働き方は自由度が高く、アウトプットさえしていれば好きなところで作業をすることができました。

各コンサルタントが各々のワークスタイルを追求することができますし、ファームによっては、プロジェクト開始時のミーティングで各人が好む働き方を伝えて合意したりもします。

こうした裁量の大きい「知的労働」において、あなたは自分の「パフォーマンスが最大となるワークスタイル」をわかっているでしょうか？

例えば、リサーチ結果や大量データの分析から示唆を見出すような一人作業の時は、集中してパソコンと向き合えるほうがいいですが、その環境や時間帯は、意外と人それぞれだったりします。環境では、静かな部屋がいい人もいれば、オフィスで他の人もいて少し雑音が入るほうが集中できる人もいます。時間帯は、午前中のほうが頭が冴えている人もいれば、夕方頃から冴えてくるという人もいます。

また、アイデア出しや仮説構築などの思考力・発想力を発揮する必要がある仕事では、誰かとディスカッションベースで取り組んだほうがいいアイデアが出る人もいれば、逆に一人でこもって考えたいという人もいます。一人で考えたい人でも、部屋に閉じこもって考えるタイプもいれば、他のことをやっている時にフワッと考えが浮かんでくるという人もいます。このように、実は「成果が出る環境」は結構人それぞれなのです。

プロフェッショナルとして、自分のパフォーマンスを最大化できるワークスタイル、ルーティーンを知っておくことがとても大事です。

自分にどんな環境が向いているかは、ファームに入社する前でも、本書で述べた準備や対策、選考の進め方の中でわかってきます。

書類作成や面接対策では一人で作業をしますし、ケース対策では常日頃から思考訓練をします。その上で、面接を受ける時間帯や環境、さらには心身のコンディションを試行錯誤することで、自身のパフォーマンスを最大化できる条件を見出すことができます。もちろん、これまでの勉強やお仕事の中で既にわかっていることもあるでしょう。それをさらに昇華させ、転職活動の中で発揮し、ひいてはコンサルタントになってからもさらに高め、かつ維持できるようにするといいですね。

プロフェッショナルファームの一員として、ぜひ成果が最大になる環境を意識してみてください。

「周りから評価される武器」を見つける

――「議事録がうまい」「いるだけでチームの雰囲気がよくなる」も武器

コンサルタントの立ち上がりの様子を詳しく追うと次のような流れになります。

・最初の1カ月
右も左もわからず、アウトプットする度にマネージャー（先輩コンサルタント）から事細かにダメ出しされる日々が続く

↓

・3カ月
ようやく少し勘所がつかめるようになってきてダメ出しが減る。たまにダメ出しなくマネージャーからOKをもらうことができて、少し成長を実感し始める

←

・6カ月

ある程度のタスクを任されるようになってきて、自分の考えを一定の自信と共にアウトプットできるようになってくる

←

・1年

基本的なコンサルワークは一人前としてできるようになり、より大きなタスクを任される。年齢や入社時のランクにもよるが、ひとつ上のランクのロールを担い始めたりもする

このペースでキャッチアップするだけでも十分合格ですが、入社した人たちに話を聞く中で、**通常以上の高い評価を得ている人は、早い段階で「周りから評価される武器」を見つけている**ことに気づきました。「武器」の種類は、人により本当に多岐にわたります。

・前職で得た知識・スキル（業界・業務・技術等の高い専門性、データ分析力、AIやアナリティクスの知見など）

・個人のケイパビリティやマインドセット（内容はともかくアウトプットがとても速い、目

標達成力が高い、知的・肉体的タフネスがあるなど）
・議事録がとてもわかりやすい
・クライアント対応がうまい（誰もが苦手とするクライアントのキーパーソンの懐に初めて入ったなど）
・雑務を完璧にこなす（日程調整・会議室予約・資料の印刷など）
・なぜかいるだけでチームの雰囲気がよくなる

後半は、やや「え？」と思われるかもしれませんが、コンサルタントはチームで動くわけですから、チーム運営を円滑にする上で決してバカにはできません。

このような周りから評価される武器を早い段階で見つけることができると、チーム内でのプレゼンスが高まり、結果自信にもつながってやりがいを感じ、さらに思いきりアウトプットできるようにもなる……という好循環が生まれます。

ただし、この武器はあくまでコンサルタントとしての基礎スキルがあってはじめてプラスアルファされるものです。基礎スキル習得のためのロジカルシンキングや素直さ（アンラーニング）、誠実さ（クライアントファースト）が大前提なのはしっかりと意識しておいてください。

UP or OUT（アップオアアウト）は本当か
――昔に比べてミスマッチは激減

「コンサルティングファームはUP or OUT（アップオアアウト：昇進するか出ていくか）だ」

この言葉は、かなり業界外の人にも周知されてきていますよね。私の周りの求職者でも、とても不安に思っている人が多いです。

先に結論を述べると、そこまで心配する必要はありません。

確かに、今でも外資経営戦略系ファームの中には、「一定期間に評価指標を満たすことができなかった場合OUTにする」ことを厳密に運用しているファームもあります。しかし、割合的にはごく一部のファームだけです。ほとんどのファームは、本人にまだやる気（UPしたい気持ち）があれば、周囲は徹底してサポートします。評価指標を満たすことができていないとはいえ、これまで数年間コンサルティングをやってきているわけですから、新しく採用して育成するよりも、ファームにとってはメリットになります。

また、退職する人を見てみると「ファームから切られる（CUT）」よりも、「自ら出ていく（OUT）」が実態としてはほとんどです。

この本では繰り返し述べていることですが、コンサルティングは、外からは理解が難しい仕事です。特に昔は、「自分が元々抱いていたイメージと全く異なり、仕事に対するモチベーションが下がってしまう」という状況の人が、結構いました。結果的にプロジェクトの中で成果を出すことができず、評価されないまま時間が過ぎていく……このような事態は、ファームにとってもコンサルタントにとってもお互いに不幸でしかありません。その場合は、今後についてのカウンセリングを行い、その結果OUTとなっていたのです。つまり、ミスマッチが起こった時の自浄作用の役割を担っていました。

しかし最近は、昔よりも**コンサルティングが周知されて理解が進み、「ミスマッチ」はか**

なり減ってきています。また、ファームの案件の幅が拡がったため、あるプロジェクトで成果を出せなくても別のプロジェクトで成果を出せたりします。

さらには、ミスマッチを防ぐためにファームが面接の中でしっかりと確認できるようになってきたり、若干のスキル・ポテンシャルでのミスマッチがあってもしっかりと育成できるようになってきたりと、ファームの採用・育成ノウハウが蓄積されてきています。

結果的に、「UP or OUT」の事例はほとんど聞かなくなっています。「UP or STAY（アップオアステイ：昇進するかそのランクに留まるか）」を明言しているファームもあります。

コンサルタントのキャリアは「経験したプロジェクト」で決まる

——ファームのブランドや年収だけで選ぶな

これからコンサルティングファームに入社する人や、入社してしばらく経ちコンサルティング業務に慣れてきた人から、コンサルタントの「次のキャリア」についての相談をよく受けます。

ファームの標準的な離職率は約10~15%と事業会社よりは高いです。「将来のことについてあらかじめ情報を得ておきたい」と思うのは当然ですし、大事なことだと思います。今選んだキャリアが次のキャリアに大きな影響を与えることをぜひ知っておいてください。

コンサルタントに転職する時は「ポテンシャル採用」ですが、コンサルタントから転職する時は「経験とスキルのマッチング採用」になります。つまり、コンサルタントのキャリアは**「経験業界と経験テーマ」**で判断されます。

例えば、ある事業会社の「新しい経営管理の仕組みを導入するため、『ゼロベースで経営管理の在り方から考えられる人』を経営企画部門で採用したい」というニーズに対して、経営管理の仕組み構築経験がなく、その業界の経験もないコンサルタントが採用されることはありません。

ゆえに、もし将来的に就きたい業界や興味のある仕事・職種がある場合は、関係する業界やテーマのプロジェクトに携われるようにファーム内で上手く立ち回るようにしましょう。

また、複数のファームのオファーがあり、ファームを選ぶ時の軸としても、興味ある業界やテーマのプロジェクトがあるかどうかを最優先にして選んだほうがいいです。**ファームのブランドや年収で選んでも、興味あるプロジェクトに携われないのであれば、望んでいるコンサルタントとしてのキャリアもスキルも得ることができません。**

コンサルタントとしてのキャリアやスキル、成長とは、研修などの座学では決して得られるものではなく、あくまで「経験したプロジェクトによって決まる」ことをしっかりと理解しておいてください。

もちろん、特に強いこだわりがない場合は、ファームとのフィット感や自分がその時点でやってみたいプロジェクトがあるかどうか、などで選ぶと良いです。フィット感が高いとスムーズに立ち上がることができ、興味があるプロジェクトであれば、多少大変で辛くても乗り越えることができますので、結果的に成長が速いです。また、周りに評価され、認められていれば、もしとても興味ある業界やテーマが見つかった時に、そのようなプロジェクトにアサインしてもらえる可能性も高まります。

「問題解決力」と「経営力」の違い

コンサルティングファームで働いたあと、将来的に経営者になりたい人は、「問題解決力」に加えて「経営力」も身につけるといいと思います。

問題解決力と経営力の一番の違いは、「結果を出せるかどうか」です。

ビジネスの世界における結果とは、利益の向上です。全ての企業の存続条件は、利益を出すことであり、さらには、利益を伸ばし続けること（成長すること）も求められます。ゆえに経営者は、会社の方向性ややるべきことを明確にし、実際に行わせ、結果を出すことが求められます。

外資経営戦略系ファームや大手総合系ファームのクライアントは、ほとんどが「大企業」です。クライアントが抱える問題は非常に多岐にわたり、ファームが手掛けるプロジェクトは一部の問題のみになります。もちろん、このような問題を解決することがクライアントにとってはとても重要なので、プロジェクトは非常に価値あるものです。しかし、「この問題を解決した結果、クライアント企業の利益にどのようなインパクトがあるのか」が見えづらいという特徴があります。

経営力を身につけるのであれば、自身のキャリアの中で

・**ハンズオン型コンサルティングを手掛けるコンサルティングファーム**

・**企業再生（リストラクチャリング）を手掛けるコンサルティングファーム**

・**プライベートエクイティファンド**

のいずれかを経験することをおすすめします。

ハンズオン型コンサルティングとは、クライアントの内部に深く入っていき、クライアント企業と一緒に経営を改善していく方法です。クライアントが中堅中小企業で、社長案件のことも多く、さらに戦略を立案するだけでなく、社長と共にクライアント企業の内部に入って実行を支援します。企業再生コンサルティングも同じ動き方をするところが多いです。

ゆえに、ハンズオン型コンサルティングと企業再生コンサルティングは、戦略立案で問題解決力が鍛えられ、社長と共に戦略の意思決定から実行を手掛け、その結果までを見届けることができますので、この過程で経営力も得ることができます。

プライベートエクイティファンドは、投資先に変革を促し、バリューアップ（企業価値を向上）させるプロ。こちらも直接的な利益が成果となるため、経営力に直結します。

第7章

本書の最後に、経営戦略系ファーム8社、総合系ファーム6社、独立系ファーム6社、合計20社について、特徴と採用で見られるポイントを紹介します。

なお、ここに書いたことはあくまでエージェントである私の視点であり、必ずしも各ファームが公表している内容ではありません。私が理解している限りの特徴と違いをお伝えします。

※参考文献：各社ホームページ（情報は、2024年3月時点）

厳選20ファーム
特徴と採用で
見られるポイント

経営戦略系コンサルティングファーム8社

代表的な経営戦略系コンサルティングファーム8社について、各社の特徴と採用で見られるポイントを説明します。

「代表的な」の基準は、歴史・ブランド（知名度）・実績（プロジェクトおよび採用）で選定しています。私が日頃から求職者に「経営戦略系コンサルティングファーム」として紹介しているファームであり、この顔ぶれはここ20年ほど全く変わっていません。もちろん、どのような企業にもいい時期と悪い時期があるように、これらのファームも設立以来色々な変遷を経て今に至っています。この20年の間にも、採用ニーズが下がる時期や超積極採用を行う時期など、不規則なサイクルで採用ニーズが変わることがありました。しかし、採用ニーズが変化することはどの企業にも起こることであり、比較的安定して毎年通年で採用しているこれらのファームは、「代表的な経営戦略系コンサルティングファーム」として紹介できると考えます。

「特徴」は、ファームの成り立ちや変遷といった歴史から、ファームが掲げている方針やビジョンまで、客観的な内容を中心に、各ファームの特徴がわかるように説明しました。「採用で見られるポイント」では、これまでの私の経験から得ている各ファームの違いを記載しました。「今後も変わらないであろう本質」だけを厳選して記すように気をつけました。反対に「面接で聞かれる内容」「プロジェクトの内容」などは、その時々で変化する可能性があるため、あえて記載していません。

他社と何が共通していて何が違うのかを「明確に述べる」のはとても難しいですが、できる限りわかりやすく表現したつもりです。理解の一助になればと思います。

マッキンゼー・アンド・カンパニー

――グローバルリーダーの育成を使命とするグローバルトップファーム

特徴

マッキンゼー・アンド・カンパニーは、1926年にジェームズ・O・マッキンゼーによって設立されました。1929年にアンドリュー・トーマス（トム）・カーニーを最初のパートナーとして迎え入れ、1933年にマービン・バウアーが入社しました。1937年にマッキンゼーが急逝しますが、バウアーがニューヨークオフィスを率いて色々な経緯ののち、1947年に現在のマッキンゼー・アンド・カンパニーになります。バウアーは、マッキンゼーの成長を長期にわたってリードし、ファクトベースの分析的アプローチによる科学的・論理的な問題解決の方法論を確立したことで、「現在の経営コンサルティング業界の父」とも称されています。

日本支社は、1971年に設立されました。1972年に入社した大前研一が1975年に出版した『企業参謀　戦略的思考とはなにか』は、日本における経営コンサルティングの礎を築いた書籍といえます（50年近く経った今でもロングセラーです）。

クライアントに常に最高水準の支援を提供することを掲げていることから、時代と共にクライアントのニーズに合わせてサービス内容を拡げており、従来のジェネラルな経営コンサルティングを手掛けるインテグレイティブに加えて、デジタルやアクセラレート（実行支援）、オペレーション（サプライチェーン・マニュファクチャリングなど）、ＲＴＳ（企業変革・事業再生）、クォンタムブラック（データサイエンティスト）、リープ（新規事業立案）などの多岐にわたるサービスラインを有しています。

また、グローバルで真の「One Firm（ひとつのファーム）」として運営されているのが特徴で、各国のコンサルタントが国をまたいでプロジェクトにアサインされたり、社内のナレッジ（英語で管理されている）を有効活用する観点から、英語が社内公用語となっています（応募時の必要書類も英文レジュメのみです）。

採用で見られるポイント

- 極めて高いインテレクチュアルスキル：経営に関する幅広い知識や実際の事例、ビジネスのトレンドなどのファクトをおさえた戦略立案ができるとよいです。
- 卓越したリーダーシップ：「グローバルリーダーとして世の中を引っ張っていきたい」という強い意志やアスピレーションを語れるようにしておきましょう。
- ビジネスレベルの英語力：特に会話力が求められ、英語でケース面接も行います。インテグレイティブ以外のサービスラインでは、各サービス領域における経験や高い専門性が求められます。

ボストン コンサルティング グループ

──「インサイト」を重視。日本に根差したグローバルトップファーム

特徴

ボストン コンサルティング グループ（BCG）は、1963年にアーサー・ディ・リトルから独立したブルース・ヘンダーソンらによってボストンで設立されました。今では「経営戦略」という言葉は当たり前になっていますが、初めて「戦略」という概念を経営に導入したファームです。また、「経験曲線」や「プロダクト・ポートフォリオ・マトリクス（PPM）」、「タイムベース競争」などの画期的なアイデアを開発したのもBCGです。競合企業に対する「差別化」「優位性」の必要性をいち早く提唱し、「Insight（洞察）」「Impact（インパクト）」「Trust（信頼）」のサイクルを付加価値の源泉として捉え、重視しています。

東京オフィスは、1966年にボストンに次ぐ2番目のオフィスとして設立されました。いち早く日本市場に着目し、クライアント経営層が抱える経営戦略上の課題に対して、深い洞察からインパクトのある戦略を提案、さらに戦略の実現まで手掛けてクライアントを変革し、持続的な競合優位性を構築することで信頼を得ています。その結果、日本において最も規模が大きい経営戦略

ファームとなっています。

このようなクライアントの変革を実現するために、各業界や業務領域における高い専門性を有する経営戦略コンサルタントを抱えているだけでなく、テクノロジーやデジタル、デザイン、インキュベーション創出などを手掛ける人材も有しており、アーキテクトやシステムエンジニア、データサイエンティスト、デザイナー、プロダクトマネージャーなどと経営戦略コンサルタントが協働しています。

また、東京オフィス以外にも、名古屋・大阪・京都・福岡にオフィスを構えており、グローバルファームでありながらしっかりと日本に根差したファームといえます。

採用で見られるポイント

- 極めて高いインテレクチュアルスキル：ロジカルかつ柔軟な発想から独自のインサイトを示すことができるとよいです。
- アスピレーション：自分が何を大切にしていて、それを磨くためにどういうことをしてきたかを語れるようにしておきましょう。

ベイン・アンド・カンパニー

――「結果重視」主義、少数精鋭を貫くグローバルトップファーム

特徴

ベイン・アンド・カンパニーは、1973年にボストン コンサルティング グループから独立したビル・ベインらによって設立されました。経営戦略の立案・提言だけで終わるのではなく、経営層が最適な意思決定を行い、実行し、継続的な利益といった具体的に目に見える結果を実現するところまで支援する「結果重視」主義を標榜したのは、ベインが当時のコンサルティング業界にもたらしたイノベーションでした。また、ベインの特徴をあらわしているのがロゴにもある「True North」です。真の北（北極星）を指す真上ではなく右斜め上にずれた矢印は、クライアントに真の北の場所を指し示す（最適な意思決定を支援する）意味が込められており、共に正しい方向を目指すために、時にはクライアントと真っ向からぶつかることも厭わない、直言型コンサルティングを展開しています。その結果、ベインはクライアントに持続可能な変革をもたらし、手掛けたほとんどのクライアントの株式時価総額が継続的に向上している、という結果が出ています。

東京オフィスは、1981年に設立されました。日本においても、「結果重視」主義はもちろん

変わりません。クライアントが継続的に目に見える結果を出せるようになるまで、中長期的に支援しています。ただし、あくまでアドバイザリーとして、クライアントが持続的に実行できるレベルまで落とし込んだアウトプットを提供し、インプリメンテーション（システム開発や業務支援のようなサービス）は手掛けていません。少数精鋭を維持し、経営戦略のプロジェクトテーマ（経営課題）を変えながら、コンサルタントとクライアントが協働し、クライアントの持続可能な変革と真の結果を出すことを目指しています。

採用で見られるポイント

- 極めて高いインテレクチュアルスキル：本質的な課題を的確に捉えることができて、思考スピードが卓越して速いことを示せるとよいです。
- 目標達成意欲：難易度が極めて高い目標や課題を前にしても、臆せず挑戦し、計画的に目標を達成しようとする意志が強いことを示しましょう。
- ビジネスレベルの英語力（尚可）：必須ではありませんが、ビジネスレベルの英語力があると尚可です。

アーサー・ディ・リトル

――製造業・技術に強いという確固たる地位を確立

特徴

アーサー・ディ・リトルは、1886年にマサチューセッツ工科大学のアーサー・デホン・リトル博士により、ボストンで設立されました。世界で最初の経営コンサルティングファームです。設立当初は、製紙や化学繊維、化学化合物などの新規開発、工業化における生産製造技術の開発など、技術的な研究開発を支援したり、数多くの特許を取得したり、技術を中心としたコンサルティングを行っていました。転機となったのが1911年のゼネラルモーターズ（GM）初となるR&D研究所の設立支援で、専門のコンサルティング部門を設立して経営コンサルティングの領域を手掛けるようになりました。正確にはこの時に、世界初の経営コンサルティングファームが誕生したことになります。

このような経緯から、技術に立脚した経営コンサルティングに強みを持ち、「技術をいかにしてビジネスや社会に応用するか」という現在の技術経営（MOT：Management of Technology）に近いビジョンを掲げています。技術をコアコンピタンスとする企業に対する全社戦略・事業戦略やM

OT、知財マネジメントなどのコンサルティングを手掛けています。

日本オフィスは、1978年に設立されました。「企業における経営と技術のありかた」にフォーカスしたコンサルティングを強みに持ち、製造業・技術に強い経営戦略ファームという確固たる地位を確立しています。

そのため、日本を代表する大手製造業の出身者や研究開発の経験者が多いですが、金融業界向けのコンサルティングも手掛けており、マーケティングやセールスなどのテーマも扱うので、文系出身のコンサルタントも在籍しています。また、経営戦略ファームの中でもアットホームで温かい雰囲気を持ち、長い目でコンサルタントの成長を見守るファームです。

採用で見られるポイント

- 極めて高いインテレクチュアルスキル：非常に抽象度が高く漠然としたモノを的確に因数分解・構造化できることが求められます。特定の業界やビジネスに対して自分の言葉で語ることができるとよいです。
- 特定業界や分野の専門性：製造業界や研究開発分野は非常にマッチしますが、他の業界や分野（エネルギーや資源、化学、素材、ヘルスケア、運輸、金融、デジタル、マーケティング、セールス、サステナビリティなど）でも問題ありません。

A.T.カーニー（KEARNEY）
——目に見える成果の実現、社会課題の解決に立脚したファーム

特徴

A.T.カーニーは、1926年にジェームズ・O・マッキンゼーによって設立されたジェームズ・O・マッキンゼー・アンド・カンパニーが前身となります。1929年にアンドリュー・トーマス（トム）・カーニーが最初のパートナーとして迎え入れられました。1937年にマッキンゼーが急逝しますが、カーニーがシカゴオフィスを率いて色々な経緯ののち、1947年にA.T.カーニー・アンド・カンパニーになります。これが現在のA.T.カーニーです。カーニーは、コンサルタントはクライアントにアドバイスを提供するだけでなく、経営層と現場の両方に対して密接に関わり変化を手助けする必要がある、という考えに基づいたコンサルティング哲学を確立していました。これが当時は非常に画期的かつ効果的であり、目に見える成果（Tangible Result）の実現、クライアント企業との密接な協働作業、というA.T.カーニーの最大の強みになっています。また、1995年に米ITサービス大手のエレクトロニック・データ・システムズ（EDS）に買収されましたが、2006年にパートナー陣によるMBOを行ったという経緯もありま

す。2020年1月からは、グローバルブランド名を「KEARNEY」に刷新しました。

日本オフィスは、1972年に設立されました。グローバルでは、日々クライアントの経営層や社員と向き合う個々のコンサルタントが「Trusted Advisor（信頼される相談相手）」であり続け、「The most admired firm（最も評価され、信頼されるコンサルティング会社）」であることを目指していますが、さらに日本オフィスでは、「日本を変える、世界が変わる」の実現のために、クライアント企業との事業創造や変革、グローバルおよび日本の社会課題の解決を通じて、より良い未来を形作ることを目指しています。これに惹かれて入社を決める人はとても多いです。EDSによる買収からMBOまでの間に、それまで培ってきたファームのカルチャーを失ってしまいましたが、MBO後は失った分を取り戻しただけでなく、より強固かつ時代に求められる価値観を持ったファームとしてプレゼンスを発揮しています。

採用で見られるポイント

- 極めて高いインテレクチュアルスキル：問題を的確に因数分解・構造化でき、現実に即した実現可能な案を柔軟に考えることができるとよいです。
- クライアントファースト：クライアントの成功に向けて愚直に取り組むことが求められます。評論家タイプではなくクライアントに寄り添いリーダーシップを発揮できることを示しましょう。

Strategy&（PwCコンサルティングStrategy&）
――グローバル経営戦略ファームとPwCグループの特徴を併せ持つ

特徴

Strategy&は、1914年にエドウィン・G・ブーズによって設立されたエドウィン・G・ブーズ・サーベイズが前身となります。ブーズは、企業が成功するために大切なのは「製品（プロダクト）ではなく人（people, not products)」であると信じ、特定のツールや方法論よりも専門家などの人間が適切なサポートを適材適所で行うことが重要であると考え、「経営コンサルティング」という職業を初めて世に生み出したファームです。

ブーズは、1917年から第一次世界大戦に陸軍で従事しましたが、1919年に復職し、1929年にジェームズ・L・アレンが、1935年にカール・L・ハミルトンが加わります。1940年にアメリカ海軍のプロジェクトを手掛けたことがきっかけとなり、1941年には陸軍も手掛け、公共部門（主にアメリカ政府向け）のコンサルティングに進出しました。1943年に社名をブーズ・アレン・ハミルトン（BAH）に改称し、民間部門と公共部門のコンサルティングを拡大させていきます。「プロダクト・ライフサイクル・モデル」や「サプライチェーン・マネジメント」

などのコンセプトを開発したのもBAHです。このBAHから、民間部門とアメリカ政府向け以外の公共部門が2008年にスピンオフしてブーズ・アンド・カンパニーが発足しました。そして、2014年にPwCグループに買収されてStrategy&になります。

日本オフィスは、1983年に設立されました。2003年に経営戦略策定から実行支援に強みを持つジェミニコンサルティングジャパン（GCJ）と経営統合しました。2014年にPwCグループに買収されたあと、日本ではプライスウォーターハウスクーパース・ストラテジー（日本では法人名に〝&〟が使用できなかったため、ブランド名はStrategy&）という名称になりましたが、2016年にPwC本体の戦略部門とPwCが2011年に買収していた戦略ファームのPRTMの3つの組織を統合し、PwCコンサルティングStrategy&として発足しました（法人格はPwCコンサルティング）。経営戦略領域においては、過去に統合したGCJとPRTMとの相性が良く、BIG4の一角であるPwCグループの業務・ITや財務・会計・税務・法務の各領域との協働体制があり、経営戦略ファームの中で最も支援領域が広く、クライアントに適切なサポートを提供できる独自の体制を確立しています。

採用で見られるポイント

- 極めて高いインテレクチュアルスキル：問題を的確に分解・構造化でき、深い洞察と幅広い視野、自分なりの判断軸を持ち合わせていることを示せるとよいです。
- 高いマチュリティ（成熟した安定感）：芯があり、安心感のある雰囲気を示しましょう。

ローランド・ベルガー

——唯一の欧州系。多様性を尊重し長期的な視座から支援

特徴

ローランド・ベルガーは、1967年にローランド・ベルガーがドイツ・ミュンヘンで設立しました。ベルガーは、ドイツにて最も影響力のある財界人の一人です。ローランド・ベルガーの父親は実業家で、ドイツ労働者党やヒトラーユーゲント、当時のドイツ帝国で最大の食品会社などの要職を務めていましたが、ゲシュタポに投獄されたり、第二次世界大戦中に東オーストリアで兵士を務めたり、その後ソビエトの捕虜になるなど、ベルガーの幼少時代はとても波乱万丈だったようです。母親も実業家で、戦後は家具の小売会社でマネージングディレクターとして働いていました。このような両親の影響を受け、ベルガーは、学生時代に2社起業して卒業後に売却しています。大学では経営学を学び、首席で卒業した後、ボストン コンサルティング グループなどでのコンサルティング経験を経てローランド・ベルガーを設立しました。ローランド・ベルガーは、「Entrepreneurship（起業家精神）」「Excellence（最高の結果）」「Empathy（共感力・多様性）」の3つをコア・バリューとした企業文化を築いています。さらには、社員や地域社会などの全てのス

テークホルダーを重視し（Serve all our stakeholders）、長期的な視座に立ち（Long-term perspective）、多様性や個性を尊重し協調・協働する（Cooperation and collaboration）ことで、クライアントおよび世の中の成長を追求しています。特に、起業家精神を大切にし、長期的な視座から成長を支援するスタイルは、クライアントへの支援内容だけでなくファームの運営にも表れており、アメリカ系ファームとよく対比されています。

日本オフィスは、1991年に設立されました。他の外資経営戦略系ファームよりも後発でしたが、ヨーロッパの中でも特に日本と似ているカルチャーであるドイツ発のファームということもあり、多くのクライアントから高い評価を獲得し、著しい成長を遂げています。特に、日本企業独特の文化や個性を尊重し、長期的目線で共に成長を追求する姿勢が、日本のクライアントにとって腹落ちしやすく、高い支持を得ています。外資経営戦略系ファームで唯一のヨーロッパ系ということで、独自のポジショニングを確立しています。

採用で見られるポイント

- 極めて高いインテレクチュアルスキル：問題を的確に因数分解・構造化でき、高い視座から幅広く要因やステークホルダーを捉えて、包括的な解決策を模索できるとよいです。
- 高い共感力と素直さ：多様性や個性を尊重し、協調・協働することに喜びを感じるマインドセットを示しましょう。

ドリームインキュベータ
――日本発の戦略ファーム。成長戦略系プロジェクトの割合はナンバーワン

特徴

ドリームインキュベータは、「未来のソニーやホンダを100社創る」を合言葉に、2000年に当時ボストン コンサルティング グループ（BCG）の日本代表であった堀紘一を中心に設立された日本発の戦略コンサルティングファームです。戦略コンサルティングをベースにインキュベーション（新しい事業の創造）を手掛けることを掲げ、これを「ビジネスプロデュース」と名付けました（コンサルタントを「ビジネスプロデューサー」と称します）。

戦略コンサルティングスキルをコアケイパビリティとして、大企業向けに次代を担う新規事業を創造したり、国内外のベンチャー企業に対する投資・インキュベーションを手掛けたり、事業投資し事業経営を行うなど、様々な形でビジネスプロデュースを手掛けています（そのため、他の経営戦略ファームと比較して、ピュア戦略プロジェクトの割合が最も高いと思います）。中でも、一企業の枠を超えた社会や産業レベルの視座から、業界の垣根を超えて横断的にアプローチし、時には政府や自治体をも巻き込んで、大きな社会課題の解決や新しい産業の創出を目指すことを「産業プ

ロデュース」と称しています。

また、多くの企業の既存事業は成熟してさらなる成長が難しくなってきており、サステナビリティという解決しなければならない大きな課題にも直面していることから、2020年にミッションを「社会を変える 事業を創る。」と再定義しました。社会課題を解決し、社会を変えるような大きい事業を創出することを目指しています。そのために、次の3つの新しいサービスラインを追加し、ビジネスプロデュースをさらに強化しました。

・グローバルSX（Sustainability Transformation：ビジネスプロデュースの海外展開）
・ビジネスプロデュース・インストレーション（戦略の実現と付随する顧客課題を支援）
・Technology & Amplify（創出された事業をテクノロジーによって〝増幅〟）

創業以来一貫して鍛え上げてきた、高い戦略コンサルティングスキルを有する日本発の戦略ファームとして、独自のポジショニングを確立しています。

採用で見られるポイント

- 極めて高いインテレクチュアルスキル：独自の視点で物事を深く考え端的に表現できることを示せるとよいです。
- パッション：日本の産業や社会に貢献したいという熱い想いを持ち、経営者を動かすことができそうかを見られています。

総合系コンサルティングファーム6社

代表的な総合系コンサルティングファーム6社について、各社の特徴と採用で見られるポイントを説明します。

総合系ファームの顔ぶれは、2010年代の急拡大や買収・合併統合、新規設立によって大きく変わっています。2020年になっても規模拡大や新規設立の勢いは続いており、コンサルティング業界の急拡大や認知度向上は総合系ファームがけん引してきた、といっても過言ではありません。

総合系ファームは、「総合系」という名称の由来の通り経営戦略から業務ITまでの幅広い領域を手掛けています。ファームによっては、財務・M&Aアドバイザリーや事業再生領域のコンサルティングも手掛けていたり、システム開発やアウトソーシング（BPO：Business Process Outsourcing）などのコンサルティング以外も手掛けていたりします。そのため、1社の中に様々な部門がありますので、採用ニーズも部門によって多岐にわたり、同じ「総合系」としてカテゴライズしても、各社の事業領域はかなり異なっています。

総合系ファームは、各社の業務領域に違いがありますが、本書が対象としている経営戦略・業務・ITの3つのコンサルティング領域における歴史・ブランド（知名度）・実績（プロジェクトおよび採用）などを加味した結果、この6社を「代表的な総合系コンサルティングファーム」として紹介します。

総合系ファームは、特に変遷が複雑なファームもあるので、「特徴」では、ファームの成り立ちや変遷といった歴史を中心に、各ファームの事業領域について説明しています。「採用で見られるポイント」は、「経営戦略・業務・IT領域」のコンサルティングについてのみ記載。「経営戦略領域」と「業務IT領域」で大きく傾向が異なるため、2つに分けて説明しています。

アクセンチュア
――世界最大規模のファーム。経営戦略領域でも高いプレゼンスを誇る

特徴

アクセンチュアは、アメリカの大手会計事務所であったアーサー・アンダーセンのコンサルティング部門が、1989年に分社化し、アンダーセン・コンサルティングとして設立されました。分社化後しばらくしてアーサー・アンダーセンが新しくコンサルティング部門（アーサー・アンダーセン・ビジネスコンサルティング：現在のPwCコンサルティング）を設立したことがきっかけとなり、2001年に社名をアクセンチュアに変更しました。元々は監査法人（アーサー・アンダーセン）のビジネス&テクノロジーコンサルティング部門だったことから、経営戦略・業務・IT領域のコンサルティングを手掛ける「総合系」コンサルティングファームです。その後、業務・IT領域は急拡大し、アウトソーシングやシステムインテグレーション、デジタル、広告なども手掛けるようになり、世界最大級規模のコンサルティングファームになりました。また、2010年代半ばからデジタル領域のコンサルティングが拡大するに従い、デジタルや広告・マーケティングに関係する様々な企業を買収し、今では、世界でトップ5に入る広告代理店でもあります。

人数規模的にＩＴ（システム開発）やアウトソーシングが多いので、「アクセンチュアといえばＩＴ」という印象が強いですが、１９９０年代から戦略コンサルティングに力を入れていたことから、総合系ファームの中で最も規模が大きい戦略コンサルティング部門を有しています。また、業務ＩＴコンサルティングにおいても規模が大きく、非常に幅広い業界と業務をカバーしています。アクセンチュアに依頼すれば、ワンストップで戦略立案から実行まで全てを賄ってくれるのは、他のファームにはない特出した強みであり、ＩＴやデジタル領域だけでなくコンサルティング領域においても総合系ファームの中ではトップクラスです。

採用で見られるポイント

- 戦略（Strategy）グループ：経営戦略領域に特化したコンサルティングを手掛けるため（実行やシステム開発に繋がらないプロジェクトも数多く手掛けます）、外資経営戦略系ファームと変わらない難しさで、高いインテレクチュアルスキルが求められます。
- 他グループ：マネジメントコンサルティングでは、経営戦略領域から手掛けることもあるため、インテレクチュアルスキルをしっかりと見られます。テクノロジーコンサルティングでは、ＩＴやシステム開発に関する経験・スキルをしっかりと見られます。しかし、いずれもこれまでの業界・業務経験や保持しているスキルがマッチすれば、学歴・年齢はかなり幅広く採用される可能性があります。

デロイト トーマツ コンサルティング

――BIG4の一角。経営領域から始まり、今はITも手掛ける

特徴

デロイト トーマツ コンサルティングは、1981年に現監査法人トーマツのマネジメントサービス部門が独立して設立された等松・トウシュロス コンサルティングがルーツです。設立時に世界的な大手監査法人グループ（BIG4）の一角である現デロイト トウシュ トーマツグループに参加しました。他の監査法人系コンサルティングファームと同様に、経営とITのコンサルティングを提供していましたが、1993年に経営コンサルティング部門が独立してトーマツ コンサルティングとなりました。その後、2008年にデロイト トーマツ コンサルティングに社名変更して今に至っています。

1993年に独立して以降は、少数精鋭で経営コンサルティングを手掛けていましたが、2010年代に入ってから急成長を遂げ、今では各業務領域からIT・デジタル領域のコンサルティングまで幅広く手掛けています。デジタルや広告・マーケティング領域では、世界でトップ10に入る広告代理店でもあります。また、経営戦略領域では、グローバルにおいてデロイト トウシュ トーマ

ツがモニター・グループ（マイケル・E・ポーターらハーバードビジネススクールの教授陣が1983年に設立した戦略コンサルティングファーム）を2013年に買収しモニターデロイトとして経営戦略コンサルティングを提供、日本では2018年から始動しました。1993年以降経営戦略領域のコンサルティングを手掛けていることもあり、その領域においても高いプレゼンスを発揮しています。

システム開発やアウトソーシングまでは手掛けていないので、ファームの規模的にはアクセンチュアには及びませんが、経営戦略・業務・IT各領域のコンサルティングにおいては、総合系ファームの中ではトップクラスです。

採用で見られるポイント

- モニターデロイト：社会課題解決やイノベーションなどの複数業界にまたがる抽象度が高い経営戦略領域を手掛けるため、外資経営戦略系ファームと変わらない難しさで、高いインテレクチュアルスキルが求められます。
- 他ユニット：企業個別の経営戦略領域を手掛けるため、インテレクチュアルスキルをしっかりと見られますが、業務IT領域も手掛けるので、業界・業務経験やITやシステム開発に関する経験・スキルがマッチすれば、学歴・年齢はかなり幅広く採用される可能性があります。

PwCコンサルティング

――BIG4の一角。買収で領域を拡げ、経営戦略から業務・ITまで手掛ける

特徴

PwCコンサルティングは、世界的な大手監査法人グループ（BIG4）の一角であるプライスウォーターハウスクーパース（PwC）のコンサルティングファームです。経営戦略コンサルティングはStrategy&（ストラテジーアンド）として手掛けています。

PwCコンサルティングの過去の経緯はかなり複雑で、まず2002年に当時のKPMGコンサルティングが、アメリカの大手会計事務所アーサー・アンダーセン（当時のBIG5の一角、アメリカで起きたエンロン事件で解散）のコンサルティング部門を吸収してできたベリングポイントにまでさかのぼります。このベリングポイントが2009年に破産した時に、企業向けコンサルティング部門をPwCが買収しました（ここまではグローバルの動きです）。日本においては、2010年にPwCのメンバーファームであるPwCアドバイザリーとベリングポイントを含む3社が統合してプライスウォーターハウスクーパースとなり、コンサルティング部門とディールアドバイザリー部門ができました。このコンサルティング部門が、2016年の組織再編で現在のPwCコン

サルティングになりますが、この間にグローバルで買収していたPRTM（外資経営戦略ファーム）とブーズ・アンド・カンパニー（2011年と2014年に買収）の3社を一緒にしました。さらに、PwCの戦略グループとPRTMとブーズの3つの組織をまとめてPwCコンサルティングStrategy&として発足。

PwCコンサルティングは、アクセンチュアやデロイト トーマツ コンサルティングと異なり、買収によって総合系ファームとしての形を作り上げてきました。ベリングポイントは元々業務IT領域のコンサルティングに強みがあり、これを補完する形で経営戦略領域に強いPRTMとブーズ・アンド・カンパニーを買収しています。その結果、経営戦略領域から業務IT領域まで手掛け、M&Aやファイナンス領域も得意とする総合系ファームとして、またBIG4系ファームの一角としてのプレゼンスを発揮しています。

採用で見られるポイント

- Strategy&：Strategy&の紹介ページを参照。
- PwCコンサルティング：成長戦略や新規事業戦略などの経営戦略領域から実行支援まで、デジタル・ITによる事業変革、ファイナンスによる企業価値向上・事業ポートフォリオ改革、M&A戦略から実行・PMIなども手掛けるため、インテレクチュアルスキルをしっかりと見られますが、業界・業務経験やITやシステム開発に関する経験・スキルがマッチすれば、学歴・年齢はかなり幅広く採用される可能性があります。

EYストラテジー・アンド・コンサルティング

——BIG4の一角。後発ながら急成長を遂げている総合系ファーム

特徴

EYストラテジー・アンド・コンサルティング（EYSC）は、世界的な大手監査法人グループ（BIG4）の一角であるアーンスト・アンド・ヤング（EY）のコンサルティングファームとして、2010年に設立されたEYアドバイザリー（EYA）がルーツになります。EYAは、2017年に金融機関向けコンサルティングを手掛けるEYフィナンシャル・サービス・アドバイザリー（EYFSA）と統合してEYアドバイザリー・アンド・コンサルティング（EYACC）となり、さらに2020年にM&A・財務アドバイザリーを手掛けるEYトランザクション・アドバイザリー・サービス（EYTAS）と統合してEYSCとなりました。経営戦略領域のコンサルティングは、EYパルテノンとして手掛けています。EYパルテノンは、2014年にグローバルにおいてパルテノン・グループ（1991年にベイン・アンド・カンパニー出身者が設立した戦略ファーム）を買収しEYTASの一部門として設立しました。日本では2018年にサービスを提供開始し、2020年の統合後は、EYSCの一部門としてEYパルテノンが経営戦略領域のコン

サルティングを手掛けています。

BIG4の総合系コンサルティングファームの中では後発ですが、2019年にデロイト トーマツ コンサルティングを2010年代に急成長させた立役者である近藤聡《あきら》がEYにジョインしたことをきっかけに急成長を遂げています。元々、経営戦略・業務IT・M&A・ファイナンスなどの幅広い領域を手掛けていましたが、それぞれEYパルテノン・EYACC・EYTASに分かれてしまっていました。これらが2020年にEYSCとしてひとつのファームとなり、後発ながら猛烈な勢いで追い上げ、総合系ファームとして、またBIG4系ファームの一角としてのプレゼンスを発揮しています。

採用で見られるポイント

- パルテノン：成長戦略や新規事業戦略などの経営戦略策定から実現のためのトランザクション（M&A）およびトランスフォーメーション（変革）を手掛けるため、高いインテレクチュアルスキルが求められます。また、経営企画や経営戦略策定、M&Aなどの経験・スキルがあると尚可です。
- 他ユニット：ユニットによっては経営戦略領域からも手掛けるため、インテレクチュアルスキルをしっかりと見られます。業務IT領域も手掛けるので、業界・業務経験やITやシステム開発に関する経験・スキルがマッチすれば、学歴・年齢はかなり幅広く採用される可能性があります。

KPMGコンサルティング
――BIG4の一角だが、他とは違い規模より質に重きを置く

特徴

KPMGコンサルティングは、2014年にKPMGマネジメントコンサルティング（主に経営戦略・業務領域のコンサルティングを手掛ける）とKPMGビジネスアドバイザリー（主に危機管理や事業継続計画〈BCP〉、コンプライアンス、コーポレートガバナンスなどのリスクコンサルティングを手掛ける）を統合して設立されました。設立時に、新たにIT（テクノロジー）コンサルティング部門を大幅に拡充したため、マネジメントコンサルティング（経営戦略・業務領域）、テクノロジーコンサルティング（IT領域）、リスクコンサルティング（リスク領域）の3つの領域でサービスを提供しています。

BIG4（会計系）の総合系コンサルティングファームの中では最も後発であることから、規模やサービスラインとしては他の3社を追う立場ではあります。しかし、監査および財務アドバイザリーのサービス領域において、国内外でとても高いブランド力のあるKPMGのメンバーファームであること、あずさ監査法人（親会社）の集客力があることから、プロジェクト獲得がしやすく、

日本においてもKPMGグループの中でビジネスコンサルティングの一翼を担っている実力のあるファームです。また、日本企業的なカルチャーがあり、大量採用を行わず一人ひとりの質を高めることに重きを置いているという特徴もあります。そのため、規模は他BIG4系ファームと比較すると大きくはありませんが、経営戦略から業務ITまでをしっかりと手掛けており、BIG4の一角としてのプレゼンスを発揮しています。

採用で見られるポイント

- Strategy and Transformation部門：経営戦略立案から変革・改革・改善などの実行支援を手掛けるため、高いインテレクチュアルスキルが求められます。また、経営企画や経営戦略策定、新規事業やマーケティングなどの企画・実行の経験・スキルがあると尚可です。
- 他部門：各インダストリーや各業務領域を手掛ける部門では、経営戦略領域から手掛けることもあるため、インテレクチュアルスキルをしっかりと見られます。テクノロジーコンサルティングでは、ITやシステム開発に関する経験・スキルをしっかりと見られます。しかし、いずれもこれまでの業界・業務経験や保持しているスキルがマッチすれば、学歴・年齢はかなり幅広く採用される可能性があります。

アビームコンサルティング
――業務・ITに強い。日本発グローバルファーム

特徴

アビームコンサルティングは、1981年に現監査法人トーマツのマネジメントサービス部門が独立して設立された等松・トウシュロス コンサルティングがルーツです。SAP専門コンサルティング子会社を設立、監査法人トーマツのソフトウェア導入コンサルティング部門と統合しました。1997年にデロイト トウシュ トーマツのコンサルティング部門であるデロイトコンサルティングに参加し、さらにアウトソーシングを手掛けるデロイトアウトソーシングを設立、日系大企業のシステム子会社を買収・合弁で設立するなどして、業務・IT・BPO（Business Process Outsourcing）までの幅広いコンサルティングサービスを提供できる体制を作り上げました。エンロン事件をきっかけに、2003年に監査法人トーマツと資本関係を解消しデロイトコンサルティングからも離脱して、ブラクストンを設立しました。そして、2004年にNECと資本提携し、アビームコンサルティングに名称変更しました。NECの資本が入りましたが、経営は独立した事業会社としての位置づけを確保しています（デロイトグループの頃よりも制約が少なくなりまし

た)。

「リアル・パートナー」を掲げ、クライアントが求める変革・成功を〝現実〟のものにするために、クライアントのカルチャーを理解し、多様性を受け入れ、徹底した企業内部のチェンジマネジメントを行います。日本発のファームですので、意思決定は全て日本で行い、日本特有の文化・慣習を熟知したファームとして、多くの日本企業の経営改革や海外進出をサポートしています。特にアジア圏におけるグローバル戦略において実績が豊富です。設立経緯からIT（特にSAP）やアウトソーシングに強いことがわかりますが、経営戦略領域も手掛け、日本発のコンサルティングファームとして積極的に海外に展開しているグローバルコンサルティングファームとしての一面があります。

採用で見られるポイント

- 経営戦略・経営改革部門：経営戦略から経営・業務改革まで、経営レベルでの意思決定から実行までをサポートするため、高いインテレクチュアルスキルが求められます。また、経営や業務における企画系の経験・スキルがあると尚可です。
- 他部門：部門によっては経営戦略領域からも手掛けるため、インテレクチュアルスキルをしっかりと見られますが、業務IT領域も手掛けるので、業界・業務経験やITやシステム開発に関する経験・スキルがマッチすれば、学歴・年齢はかなり幅広く採用される可能性があります。

独立系
コンサルティングファーム6社

独立系コンサルティングファーム6社について、各社の特徴と採用で見られるポイントを説明します。

6社をとりあげた基準ですが、歴史・知名度（ブランド）・実績（プロジェクトおよび採用）で選定し、その上で、本書で説明しているコンサルタントとしてのスキルやキャリアを確実に身につけることができるファームにしました。しかし、紙幅の関係で省略しましたが、この6社以外にもしっかりとコンサルタントとしての経験を積むことができる魅力的なファームはたくさんあります。また、この6社は、主として経営戦略領域のコンサルティングを手掛ける独立系ファームですが、主として業務ＩＴ領域を手掛ける独立系ファームも数多くあります。

独立系ファームは、そのほとんどが大手ファーム出身のコンサルタントによって設立されており、大手ファームにはない「独自性」があります。この独自性が、独立系ファームそれぞれの強み・特徴であり、クライアントに評価され、候補者を惹きつけるものにもなっています。

独自性は、掲げているビジョン、クライアントに提供しているサービス内容、手掛けている事業内などとても多岐にわたりますが、その成り立ちやカルチャーなども含めると、ひとつとして全く同じファームはありません。しかし、コンサルティングをクライアントに提供していることと、これらのファームでコンサルタントとしての経験やキャリアを得られることは、どのファームでも共通しています。

経営共創基盤（IGPI：Industrial Growth Platform, Inc.）

──戦略、事業再生、M&A、投資、VC、何でも手掛け、「真の経営者」を創出

特徴

経営共創基盤は、2007年に産業再生機構（ダイエーやカネボウなど大型の企業再生を手掛けた）COOだった冨山和彦らによって設立されました。既存のコンサルティングファームの枠組みに留まらず、長期的・持続的な企業価値・事業価値の向上を目的として、真にハンズオンのコンサルティングを手掛けているのが大きな特徴です。そのため、経営戦略コンサルティングだけでなく、事業再生・自己投資によるバリューアップ、経営者派遣・ハンズオン支援、財務・M&Aアドバイザリーなども手掛け、従来のコンサルティングでは対応が困難な経営者の課題解決に取り組み、真の経営人材を創出しています。

長期的ハンズオン支援を手掛けるために、自己資本投資を行っているのも大きな特徴です。長期的・持続的な企業価値・事業価値を実現するために、コンサルティングという関わり方だけでは十分に支援できない企業に対して、自己資本によるマジョリティ投資を行い経営権を持ち、経営者などを派遣して自らが事業経営を行うことで、恒久的・持続的な成長にコミットしています。そのた

め、安易なイグジットは決してよしとせず、自らで成長を実現できる限りは保有し続け、他にもっと成長させることができる経営主体が現れた場合にのみ委ねることをポリシーとしています。代表的な投資先として、みちのりホールディングス（元は福島のバス会社）や南紀白浜空港があります。さらにこの取り組みを拡大して地域社会の未来を共に創るために日本共創プラットフォーム（JP-iX：Japan Platform of Industrial Transformation, Inc.）を立ち上げ、製造業や医療福祉、アパレルなども手掛けています。また、イノベーション領域では、先端技術の事業化を手掛ける先端技術共創機構（ATAC：Advanced Technology Acceleration Corporation）、海外ベンチャー投資を手掛けるJBIC IG Partnersがあります。

真のプロフェッショナル組織を創造し続け、経営と経済における新たなパラダイムを構築し、真の経営者を創出するという他に類のないファームです。

採用で見られるポイント

- スキル・経験：コンサルティング経験者や投資銀行業務・M&A業務経験者、公認会計士などのスキル・経験がある人が採用される傾向にあります。
- 志望動機・志向：真の経営者になりたい、日本をより良くしたいという熱意を持ち、高いポテンシャルを示すことができれば、採用される可能性は十分にあります。

フロンティア・マネジメント(FMI：Frontier Management Inc.)
——経営、M&A、事業再生などで企業経営を支援する「専門家集団」

特徴

フロンティア・マネジメントは、2007年に産業再生機構出身の大西正一郎・松岡真宏が設立しました。『手法ありき』ではなく、クライアントにとって最良の経営判断を導き、その実現を支援したい」という思いで設立した「企業経営を支援する専門家集団」です。「経営コンサルティング」と「M&Aアドバイザリー」の2つの専門分野を軸に、「経営執行支援」と「事業再生」も専門分野として手掛け、経営課題を各専門分野だけの個別最適解で解決するのではなく、複数の専門分野を統合した全体最適解を導き出し、その実行まで一気通貫でサポートすることで、クライアントの企業価値を高めることを支援しています。

「経営コンサルティング」では、大企業から中堅中小企業まで幅広く手掛け、経営戦略、事業戦略、財務戦略、中期経営計画、各種企業価値向上支援（IR戦略・アクティビスト対応・ESG／SDGs戦略・D&I推進など）などの施策立案から実行を支援しています。「M&Aアドバイザリー」では、クロスボーダーを含むM&Aディールアドバイザリー、PMI、事業承継などを手掛けています。これらの経営アジェンダに対して、FMIからCxOを派遣し、さらにコンサルタントがクライアント企業の現場に入り込み、ハンズオンで戦略立案から実行まで支援するのが「経営執行支援」です。必要に応じてファンドや自己資金による投資も行います。また、「事業再生」では、通常のコンサルティングでは手掛けることができない「法的整理」における各種再生手続きや金融機関といったステークホルダーとの利害調整などを支援できるプロフェッショナル（専門家）が在籍しています。

このような特徴から、コンサルティング経験者や投資銀行業務・M&A業務経験者、金融機関出身者、公認会計士、弁護士などのかなり幅広い専門家が在籍しており、複数の専門分野を統合した全体最適解を導き出すことができる「専門家集団」です。

採用で見られるポイント

- スキル・志向：高いインテレクチュアルスキルを有し、特定領域の専門家としてクライアントが抱える課題解決を実現したい、企業価値を向上させることに関わりたい、経営スキルを高めたい人にとてもマッチします。
- 経験・資格：経営戦略・業務・IT領域のコンサルティングや投資銀行業務・M&A業務、事業会社での企画・課題解決などの経験、公認会計士・弁護士などの資格があると尚可です。

YCP Japan
――経営支援とプリンシパル投資でアジアを率いる経営者を輩出するグローバルファーム

特徴

YCPは、2011年にゴールドマン・サックス出身の石田裕樹によりヤマトキャピタルパートナーズとして設立されました。アジア全域と欧米で、クライアントへの各種経営支援を提供する「マネジメントサービス」と、自己資本によってリスクマネーを提供する「プリンシパル投資」の2つの事業を展開し、クライアント企業および投資先企業をグローバルに成長させる「企業変革のプロ集団」です。

設立当初は、「世界での競争に耐えうる骨太企業を創生する」ことを目指し、この想いを共にするメンバーが、外資投資銀行や経営戦略系コンサルティングファーム、外資系および日系事業会社から次々と参画し、上海・シンガポール・バンコクに海外拠点を設立していきます。2013年に、日本人以外のプロフェッショナルも積極的に雇用し国際色豊かな組織を実現するために、社名をYCPに改め、香港を拠点とするホールディングス化を実施。新しいビジョンを「Strive for Growth. Lead Asia. Impact the World.」としました。その後も海外拠点を拡大していく中で、20

18年に多数の欧米企業をクライアントに有するSolidiance Asia Pacific Pte. Ltd.の株式を取得し、マネジメントサービス事業を展開するブランドを「YCP Solidiance」とします。2021年にはシンガポールにグループ統括機能を担うYCP Holdings (Global) Limitedを設立し今に至ります。

「マネジメントサービス」では、さらに6つの領域（戦略コンサルティング、M&Aアドバイザリー、デジタルソリューション、オペレーション改善、マーケティング支援、グローバルリサーチ）で、クライアントの経営課題解決を支援し、コンサルタントに経営に必要なスキルを獲得させます。そして、コンサルタントを、「プリンシパル投資」した中小ベンチャー企業に経営人材として派遣し、実際の事業経営を実践させ、経営人材として育成します。この取り組みを、アジアを中心としたグローバルで展開し、「アジアを率いる経営者を輩出する」ことを目指しているのがYCP独自であり他に類を見ない大きな特徴です。

採用で見られるポイント

- スキル・志向：高いインテレクチュアルスキルを有し、特定領域で自身を大きく成長させたい、将来的にプロの経営者になりたい、グローバル人材を目指したい、といった人にとてもマッチします。
- 経験：コンサルティングファームまたは事業会社にて、課題解決（領域不問）・ファイナンス・マーケティング・IT／デジタルの経験があると尚可です。

ピー・アンド・イー・ディレクションズ

――コンサルタントの枠を超えて「成功できる経営者」を育成

特徴

ピー・アンド・イー・ディレクションズは、２００１年にＢＣＧ出身の島田直樹が設立しました。「実行できる理想を。」をクライアントと目指し、業種・業界を問わず大企業から中堅・中小・ベンチャー企業およびＰＥファンドに対して、社名が表している通り、Planning（計画策定）だけではなくExecution（実行支援）まで行い、結果創出にこだわったコンサルティングを手掛けています。また、プロジェクトテーマとしては、「売上向上」「新規事業」「事業展開」といった「攻めの戦略」に特化。戦略の策定および実行を支援し、確実な結果につなげています。島田が創業以来こだわってきたこととして、「いただいた報酬以上の成果を出すことを基本とする〝結果創出〟」、「本当に結果を出すには10年ひと仕事と捉え、信頼関係を大事にして〝長期的にお付き合いする〟」、「お客様が望むものを追求し、常に時代適合かつ従来のコンサルティングの定義にこだわらない〝Beyond Consulting〟」があり、真のクライアントファーストを追求しているハンズオン型経営戦略系ファームです。

企業成長・事業成長を目指す「攻めの戦略」は、クライアント企業の規模や成長フェーズによって多岐にわたります。中小ベンチャー企業では、事業の立ち上げや安定化、中堅企業・大企業では、停滞事業をさらに成長させるための戦略策定や次なる成長のための新規事業戦略策定、グローバル戦略策定など、とても豊富な実績があります。また、実行支援の内容も、人・組織を動かすための組織・業務設計からルール・仕組み作り、人材採用・育成まで、成長を実現するためのアライアンス・M&Aアドバイザリー・資金調達支援、場合によってはチャネル開拓・顧客紹介まで行い、結果創出を徹底的に支援します。

このような実経営ともいえるコンサルティングを手掛けていることから、「事業会社で成功できる経営者」を人材育成の目標としています。新卒採用も長年行っており、コンサルタントの枠を超えて（Beyond）育てることにかなり力を入れているファームです。

採用で見られるポイント

- スキル・経験：インテレクチュアルスキル（論理的思考力）、ビジネススキル（ビジネスモデルの理解、財務会計・お金の流れの理解）、インターパーソナルスキル（現場で周囲と協調し結果を出した経験など）が求められます。コンサルティング経験があると尚可です。
- 志向：企業経営（平たく言えば商売）、利益を生み出す仕組み作りへの強い関心があるとよいです。

ジェネックスパートナーズ

——若手も裁量の大きい仕事に取り組める

特徴

ジェネックスパートナーズは、2002年に眞木和俊らによって設立されました。経営戦略から実行支援・変革支援を得意とするコンサルティングファームであったジェミニコンサルティングジャパン（現 PwCコンサルティングStrategy&）出身者と、シックスシグマなど業務改善の実行力で実績があるGE出身のメンバーが、大手自動車会社のV字回復支援を契機として設立に至りました。社名には、変革の遺伝子（Gene）を広める（Expand）ことで、結果をもたらし活力を与えられる個人・組織・社会にとってのよきパートナー（Partner）でありたいという理念が込められています。

経営戦略コンサルティングでは、その後の実行フェーズを前提に現実的かつ手触り感のある戦略を立案し、実行支援では徹底したハンズオンスタイルで「現実の成果」を出すことを目指したコンサルティングを手掛けています。事業再生・バリューアップ支援や、事業承継における新たな経営方針策定・組織構築支援などが特徴的なプロジェクトで、経営戦略策定だけでなく、クライアントに変革をもたらしています。また、海外プロジェクトが多いのも特徴です。2011年にCordence Worldwide（CWW：独立系コンサルティングファームのグローバルアライアンス）に加盟したことで、アジア・欧米関連の海外プロジェクトを手掛けるようになりました。

若手でも早い段階から大きな役割を任せられ、新しい領域やテーマなどの強みを構築することを推進しており、積極的に手を挙げて裁量の大きい仕事に取り組むことができます。そのためのサポート・トレーニングが整っており、育成にはパートナーがしっかりと関わり、各研修（ジュニア研修、マネージャー研修、英語研修、CWWの海外研修など）も充実しています。

経営戦略立案に留まらずクライアントの変革を支援することを使命とし、成長スピードが速い独立系の経営戦略コンサルティングファームです。

採用で見られるポイント

- スキル：高いビジネススキル（論理的思考力・分析力・コミュニケーション力・積極性・自立性・責任感など）が求められます。コンサルティング経験があると尚可です。
- 経験：自ら論理的な分析を行い周囲の関係者を巻き込んで問題解決をリードしてきた経験があるとよいです。
- 志向：変革や実行支援への強い想いがあるとよいです。

ベルテクス・パートナーズ
——クライアントの「自走」まで支援する

特徴

ベルテクス・パートナーズは、2015年に山口正智ら10年超の経験を有するコンサルタント数名によって設立されました。社名には、クライアントと共に未踏の「頂＝Vertex」を目指すパートナーになる、という想いが込められています。

そのため、テーマとしては、新規事業創出や既存事業の革新・強化、といった「新しい成果の創出（未踏の頂への新たな挑戦）」を数多く手掛けています。また、新しい成果を創出するために、個々の課題解決・戦略策定だけに留まるのではなく、実現のための組織・業務プロセス、環境などの構築やIT・デジタル、最新テクノロジーの導入など、クライアント自らが戦略を実現できる仕組みを構築するところまで手掛けています。さらに、クライアントが当事者意識を持って主体的に関わるアプローチを取ることで、クライアントに「伴走」し、最終的にクライアントが「自走」できるようになるまで支援しているのが大きな特徴です。加えて、このようなコンサルティングだけでなく、他企業とのアライアンス締結を支援したり、ベルテクスも出資してジョイントベンチャーを設立したり、ビジネス創出を共に実現することを目指した「事業共創」も手掛けています。場合によっては、ベルテクスの新規事業として創出するなど、ビジネスインキュベーターとしての一面もあります。

この「事業創出」を実現するために、経営戦略領域のコンサルティングはもちろん、業務およびIT（デジタル）領域のコンサルティングも手掛けており、一人のコンサルタントが関われる領域がかなり広いです。経営戦略領域でも最新テクノロジーに触れることができますし、業務・IT（デジタル）領域でも戦略・企画の構想段階から関わることができます。さらには、「事業共創」で事業経営にも関わることができます。

新たな挑戦を行うクライアントの真のパートナーとして、戦略策定から成果創出まで、コンサルティングだけでなく事業経営も手掛ける、真に実践型の戦略実現ファームです。

採用で見られるポイント

- スキル・経験：インテレクチュアルスキル、ロジカルかつ円滑なコミュニケーションスキルが求められます。経営企画や業務企画の経験、IT・デジタルに関する経験があると尚可です。
- マインドセット：計画や目標の達成にコミットする姿勢、結果を出すことへの強い意欲を示すことができるとよいです。

Column

コンサルティングを歴史から紐解く

特定の人や企業を理解する時に、生い立ちや社史を知ることで、理解が深まることは皆さんも実体験があるのではないでしょうか。「コンサルティング」についても簡単に歴史を紐解いてみたいと思います。主な外資経営戦略系ファームが創業された年と日本オフィスが設立された年、主な経営理論・フレームワークを年表にまとめました。

1886年：アーサー・ディ・リトル創業（世界で最初の経営コンサルティングファーム）
1911年：テイラーの「科学的管理法」
1914年：ブーズ・アレン・ハミルトン創業
1926年：マッキンゼー・アンド・カンパニー、A.T.カーニー創業
1930年代：メイヨーの「人間関係論」
1939年：マービン・バウアーなど4人がマッキンゼー・アンド・カンパニーを買い取る
1963年：ボストン コンサルティング グループ創業（アーサー・ディ・リトルから独立）

1965年：アンゾフの「ギャップ分析」「アンゾフのマトリクス」
1965年：アンドルーズの「SWOT分析」
1966年：ボストン コンサルティング グループ東京オフィス設立
1967年：ローランド・ベルガー創業（ボストン コンサルティング グループから独立）
1967年：コトラーの「STP（セグメンテーション・ターゲッティング・ポジショニング）理論」「PEST分析」
1971年：マッキンゼー・アンド・カンパニー日本支社設立
1972年：A.T.カーニー日本オフィス設立
1973年：ベイン・アンド・カンパニー創業（ボストン コンサルティング グループから独立）
1980年：マイケル・E・ポーターの「5Forces分析」「バリューチェーン」「ポジショニング戦略」
1981年：ベイン・アンド・カンパニー東京オフィス設立
1983年：ブーズ・アレン・ハミルトン日本法人設立
1989年：アーサー・アンダーセン（現アクセンチュア）設立（会計監査部門から独立）
1991年：ローランド・ベルガー日本法人設立

他にも、名が知れたグローバルコンサルティングファームや、有名な経営理論・フレームワークはありますが、右記だけを見ても、ここ１００年ぐらいの間に多くのコンサルティングファームというビジネスと経営理論・フレームワークが生まれ、相乗効果を発揮しながら現在に至っていることがわかります。

また、これをふまえて日本でのコンサルティングは次のようになります。

１９７０～１９９０年代：日本における外資経営戦略系ファームの黎明期
１９９０～２０００年代：各総合系ファームの設立（買収合併）期
２０００年代：日本におけるコンサルティングの定着期(コンサルティングが一般的になる)
２０１０年代：日本におけるコンサルティングの拡大期（各ファームが急激に規模を拡大させ、コンサルティング業界が急成長を遂げる）

このように歴史的に紐解くことで次のことがいえます。

・各ファームの立ち上げ当初は超優秀・高学歴層が採用されていた
・コンサルティングのルーツはアメリカである
・コンサルティングファームは独立・分裂するものである

アメリカにおいてファームを立ち上げた人や立ち上げ期に採用された人は、そのほとんどが秀でた論文を上梓した超優秀層（必然的に高学歴）やトップスクールのMBA出身者などでした。このような人々が、実力主義（UP or OUT）の環境でしのぎを削りあい、ファームの成長に貢献し、ファームと自身の方向性がズレてくると転職したり独立したりしながら、コンサルティングというビジネスができあがってきました。

ゆえに、各ファームが日本に進出した際も同様の手法が取られることになります。その結果、1970年代からの日本における黎明期には、超優秀な人材の獲得が何よりも重要であり、高学歴・MBAホルダーを中心に採用されました。この時代のイメージが今も根強く残っていると思います。

また、コンサルティングのルーツはアメリカですので、企業カルチャーや組織人事制度などの仕組み、プロフェッショナルというキャリアに対する考え方が、日本とは大きく異なります。その結果、コンサルタントは自らのプロフェッショナルマインドに従い、他のファームに移ったり独立して新しいファームを設立したりし、アメリカから来たコンサルティングビジネスやコンサルタントが日本においても拡がっていくことになります。これが、日本における2000年代以降のコンサルティング定着期や拡大期に起こりました。こうして新しく生まれたファームはそれぞれ独自色を出しており、それぞれが独自の特徴や強みを持っています（ハンズオン実行支援、事業再生、M&A、最先端テクノロジー、デジタルなど）。また最近は特に、新しい独立系ファームの設立やIPOが多いです。

このように、各ファームの独自の強みの観点では違いがあるものの、純粋なコンサルティングスキルという観点では、大きな差はないことがわかります。年表の通り全てのルーツは同じです。コンサルティング業界の拡大に伴いどんなに幅広い属性の人たちを採用するようになったとしても、コンサルタントとしてのポテンシャルという点では、面接で見られるポイントは大きく変わっていません。古くからあるトップファームでも、新しい独立系ファームでも、一定期間コンサルタントとして経験を積めば、しっかりとコンサルタントとしてのスキルおよびキャリアを得ることができます。

おわりに
エージェントの仲間たちに伝えたいこと

今回私が本を書いた目的は、次の3つです。

①コンサルティングの理解度を底上げする
②正しい転職活動の仕方を知ってもらう
③エージェントの育成

①と②は本文で存分に書きましたが、③のエージェントの育成については、表には出しておらず、あくまで「裏テーマ」として設定しているものです。業界の仲間たちにも本書を読んでもらうことで、私が思う業界の問題が少しでも解決されればと考えています（私自身一エージェントでしかなく、かなりおこがましいことは承知のうえですが……）。

人材流動性が低く、かつ今後人手不足が一層深刻化することが見込まれる日本において、人材紹介エージェントが担う役割はますます大きくなるのではないか、と個人的に思っています。事実、人材紹介会社（正式には「民営職業紹介事業所」）の数は、２０１２年頃から急速に増えています（２０１１年度：１万７４４１事業所、２０２２年度：２万９８５６事業所、約１・７倍）※。その一方で、人材紹介は経験値がものをいう仕事であると常々思っています。エージェントの経験不足や力不足から、転職支援がうまくいかなかったケースも見受けられます。もちろん私自身も全員の方をご支援することはできず、力不足を痛感することもあります。その都度しっかりと振り返り、自身の成長につなげてきましたが、いまだに十分ではないと感じています。まだまだ未熟者ですが、少しでも若手エージェントの参考になればと思いました。

※厚生労働省「民営職業紹介事業所数の推移【事業報告】」

私は、人材紹介という仕事は、とてもやりがいのある素晴らしい仕事だと思っています。転職を成功させることで、求職者・クライアント企業・人材紹介会社の三者全員が喜ぶ、正にＷｉｎ－Ｗｉｎ－Ｗｉｎとなる仕事はそうないと思います。しかしその一方で、責任重大な仕事である、という認識も強く持っています。転職というのは、求職者の方の人生において極めて重要なイベントです。私が、担当した方のその後の人生を大きく左右してしまうこともあるわけですから。

もし今、若手エージェントの方で、人材紹介という仕事でわからないことや悩んでいることがあれば、本書が何かしらの役に立つと幸いです。あくまで我々の仕事は、目の前の求職者の方の転職を支援することですが、お一人お一人を支援することが、やがては日本の人材流動性を高め、生産性の向上につながり、未来の日本社会への貢献につながる、正に「三方よし」となる仕事です。所属する会社は違えど、同じ仕事を営む者同士、本書が少しでも力になれればこれ以上の喜びはありません。

最後になりましたが、気がつけば17年間もこの仕事を続けてこられたのは、これまでにやり取りさせていただいた多くの求職者様のお陰です。非常に多くの方々をご支援させていただく中で、私自身も思考し、工夫し、研究し続けることができました。しかし、まだまだ力不足を痛感することもあります。決して、慢心・妥協することなく、今後より多くの方々をご支援できるよう尽力いたします。この宣言と共に、これまでの、そしてこれからの求職者の皆様方に、心より深く御礼申し上げます。

クライアント企業様におかれましても、これまで長年やり取りさせていただく中で、私自身を成長させてくださり、深謝の念に堪えません。特に、各ファームのパートナー層の皆様方とのお打ち合せは、内容のレベルが極めて高いことはもちろん、非常に示唆に富むものであり、エージェントとしてのバリューをいかにしてご提供するかなど、多くを学ばせていただきました。今後より一層、各ファーム様、ひいてはコンサルティング業界全体の発展に寄与できるよう、さらなる成長に邁進してまいります。

日本初のコンサルティング業界に特化した人材紹介会社である株式会社ムービン・ストラテジック・キャリアを創業し、私がこの仕事に就くきっかけをくださった、神川貴実彦代表取締役社長には、人材紹介のイロハはもちろん、「人とは何か?」「人生とは何か?」常に本質を突いたご助言・ご指導で導いていただきました。本当にありがとうございます。また、長年同じ経営戦略領域の転職支援を担当し、苦楽を共にしてきた大前友嗣パートナーおよび白土耕平パートナーには、本書の執筆にあたり、とても多くのアドバイス、細部に至る確認をいただきました。エージェントとしての実力は私を超えるところがありながら、今回たまたま私にこのような機会があったに過ぎませんが、快くサポートくださったことに心より感謝申し上げます。他にもご協力いただいたムービンメンバーの皆様も誠にありがとうございました。

最後の最後になりましたが、株式会社ダイヤモンド社の田中怜子氏には、本書執筆の機会をいただいただけでなく、執筆に関する数多くのアドバイス、長期間根気よくサポートまでしてくださり誠にありがとうございました。仕事柄、いつも「ご縁」を大切にしてきましたが、このような書籍を執筆するご縁をいただけたことには、「エージェント冥利に尽きる」という言葉しか浮かびません。今後も、求職者様、クライアント様、他にも私が関われる皆様とのご縁を大切に、日々精進してまいります。

2024年3月

久留須　親

［著者］

久留須 親（くるす・ちかし）

コンサルティング業界を専門とする人材紹介会社 株式会社ムービン・ストラテジック・キャリア シニア・パートナー。東京大学・大学院卒業後、新卒で株式会社電通国際情報サービス（現・株式会社電通総研）に入社。主に金融系システムの要件定義・設計からプログラミングまで、システム開発の全工程を経験し、プロジェクトマネージャーとして提案活動、クライアントとの折衝、プロジェクトマネジメント業務などに従事。その後、IBMビジネスコンサルティングサービス株式会社 事業戦略グループにて、戦略コンサルタントとして、事業戦略立案、中期経営計画立案、市場成長予測といったプロジェクトや、PMO（Project Management Office）としてクライアントの実行支援等に携わる。
2007年にムービンにジョイン。コンサルティング業界志望者を中心に人材紹介・転職支援を行う。経営戦略・業務・ITコンサルタントを目指す求職者の支援、コンサルティング経験者のネクストキャリア（大手企業、中小企業、ベンチャー企業、プライベートエクイティファンド、ベンチャーキャピタル）についての相談・支援を主に担当。

https://www.movin.co.jp/

「コンサルティングファームに入社したい」と思ったら読む本

2024年３月12日　第１刷発行

著　者——久留須 親
発行所——ダイヤモンド社
〒150-8409　東京都渋谷区神宮前6-12-17
https://www.diamond.co.jp/
電話／03･5778･7233（編集）　03･5778･7240（販売）
ブックデザイン—小口翔平＋畑中茜（tobufune）
本文デザイン—布施育哉（ダイヤモンド社）
本文DTP･図版作成—エヴリ・シンク
校正————鷗来堂
製作進行——ダイヤモンド・グラフィック社
印刷————三松堂
製本————ブックアート
編集担当——田中怜子

ISBN 978-4-478-11529-9